W0311715

DELIUS KLASING

ART
ADVANCED RIG TECHNOLOGY
TWIST
GUL

Simon Bornhoft

Windsurfen

Ratgeber
zu Ausrüstung und Technik

Delius Klasing Verlag

Copyright © 2001 New Holland Publishers (UK) Ltd.
All rights reserved.
Titel der englischen Originalausgabe:
WINDSURFING – THE ESSENTIAL GUIDE TO EQUIPMENT
AND TECHNIQUES
veröffentlicht bei New Holland Publishers (UK) Ltd., London

Copyright © 2001 New Holland Publishers (UK) Ltd.
Copyright © 2001 Text: Simon Bornhoft (Text)
Copyright © 2001 New Holland Publishers (UK) Ltd. (Zeichnungen)
Copyright © 2001 Simon Bornhoft (Fotos, mit Ausnahme der
einzelnen Fotografen und/oder Agenturen,
die auf Seite 96 aufgeführt sind.)

Bibliografische Information Der Deutschen Bibliothek
Die Deutsche Bibliothek verzeichnet diese Publikation in der
Deutschen Nationalbibliografie; detaillierte bibliografische Daten
sind im Internet über »http://dnb.ddb.de« abrufbar.

1. Auflage
ISBN 3-7688-1419-X
Die Rechte für die deutsche Ausgabe liegen beim Verlag
Delius, Klasing & Co. KG, Bielefeld

Aus dem Englischen von Thomas Rögner
Layout und Zeichnungen: Ben Latham
Einbandgestaltung: Ekkehard Schonart
Printed in Singapur 2003

Autoren und Verlag haben jede Anstrengung unternommen, um zur Zeit der Drucklegung zu gewährleisten, dass die im Buch enthaltenen Informationen nach bestem Wissen und Gewissen korrekt waren. Verlag und Autoren übernehmen jedoch keinerlei Haftung für eventuelle Schäden, Verluste oder Verletzungen, die Personen aufgrund der in diesem Buch gegebenen Informationen entstehen.

Alle Rechte vorbehalten! Ohne ausdrückliche Erlaubnis des Verlages darf das Werk, auch nicht Teile daraus, weder reproduziert, übertragen noch kopiert werden, wie z.B. manuell oder mit Hilfe elektronischer und mechanischer Systeme inklusive Fotokopieren, Bandaufzeichnung und Datenspeicherung.

Delius Klasing Verlag, Siekerwall 21, D-33602 Bielefeld
Tel.: 0521/559-0, Fax: 0521/559-115
e-mail: info@delius-klasing.de
www.delius-klasing.de

Dieses Buch ist meiner Tochter Indi gewidmet.

Dank

Ich danke allen, die zur Entstehung dieses Buchs beigetragen haben, vor allem Sarah Fechter, der Professional Windsurfers Association, Boards Magazin, Kath Newton und Gillion Horne von der Royal Yachting Association (UK), F2, Mistral, North, Bic&North, Gul Wetsuits und den zahlreichen Fotografen, die Fotos für dieses Buch lieferten.

Inhalt

Willkommen beim Windsurfen

Warum macht Windsurfen süchtig und lockt Millionen von Menschen an die Ufer von Seen, Buchten und Küsten der ganzen Welt, sobald der Wind weht? Für einige ist es der Reiz, nur mit der Kraft des Windes zu segeln, die Aufregung von High Speed, der Kampf mit den Elementen und die Herausforderung, sich nur auf die eigenen Fertigkeiten und die Ausdauer zu verlassen. Für andere ist es der einfache Zugang zum Sport – man lernt Windsurfen relativ schnell. Für viele andere ist es die günstigste Art und Weise, viel Spaß auf dem Wasser zu haben – ob an exotischen Spots oder auf dem heimischen See.

Verbesserte Materialien und moderne Designs haben zur Folge, dass die Boards stabiler wurden, während die Riggs leichter und besser zu handhaben sind, so dass die Lernphase schneller und einfacher verläuft als in den Pioniertagen des Sports. Aber Vorsicht: Windsurfen ist, egal auf welchem Niveau, ein sehr aktiver Sport! Man wird fitter und kräftiger – auch wenn man selbst bestimmt, wie anspruchsvoll oder wie entspannt man es betreibt. Es gibt keine Altersbeschränkungen, und Windsurfen ist auch keine reine Kraftsportart, man muss nicht fit wie ein Olympiasieger sein oder technisches Verständnis mitbringen.

Die meisten betreiben Windsurfen als Hobby, ohne Interesse an Wettkämpfen.

Wo ging alles los?

Das Windsurfen wurde 1969 von den Amerikanern Jim Drake und Hoyle Schweitzer »erfunden«. Ihr Ziel war es, ein Wellenreitbrett mit der windgetriebenen Kraft eines Segels zu verbinden, dabei sollte die Verbindung zwischen Segel und Brett einfach und beweglich bleiben. So wollten sie mehrere Fliegen mit einer Klappe schlagen: ein unkompliziertes Sportgerät mit wenigen Teilen und Tauen, das hohe Geschwindigkeiten ermöglicht und sich leicht steuern lässt. 1970 kaufte Schweitzer von Drake die Hälfte ihres gemeinsamen Business' ab – zum späteren Bedauern von Drake, da sich das Windsurfen zu einer der populärsten Abenteuer-Sportarten der Welt entwickelte.

Der neue Sport war einfacher als konventionelles Segeln, man benötigte weniger Zeit und Aufwand, um aufs Wasser zu kommen, und die Boards waren einfacher zu transportieren. Das simple Design und der schnelle Reiz führten Ende der siebziger Jahre zu einem Boom in den Vereinigten Staaten und verbreitete sich in den darauf folgenden zehn Jahren auf der ganzen Welt.

Das erste industriell gefertigte Brett war der Windsurfer Regatta, aus Polyethylen hergestellt und mit Styroporschaum gefüllt. Die Segel aus farbenfrohem Dacron-Segeltuch flatterten an einem Glasfiber-Mast. Man verwendete Holz für den Gabelbaum und das Schwert. Aus heutiger Sicht waren diese Boards schwer und die Riggs plump, aber das tat dem Enthusiasmus keinen Abbruch.

Das Prinzip des frei beweglichen Riggs ist immer noch dasselbe, aber die ersten Windsurfer haben seitdem dramatische Veränderungen und Verbesserungen miterlebt. Die Bretter wurden schmäler, leichter und spezifischer je nach Einsatzbereich. Sie gleiten schneller bei geringeren Windstärken und ermöglichen Einsteigern schnellere Fortschritte.

Heutige Windsurfboards erreichen Geschwindigkeiten über 65 Stundenkilometer, werden in haushohen Wellen gefahren und erlauben Sprünge mit über zehn Metern Höhe. Windsurfen zählt zu den olympischen Sportarten, und es gibt einen Worldcup der PWA (Professional Windsurfing Association) für Männer und Frauen in verschiedenen Disziplinen.

Die Fortschritte in der Segel- und Riggentwicklung machen Windsurfen vor allem leichter.

4.2

Die Ausrüstung

Betrachtet man die Ausrüstung, ist Windsurfen an sich ein einfacher Sport, mit den Hauptkomponenten Brett und Rigg (so nennt man die Einheit aus Segel, Mast, Gabelbaum und Mastfuß, der das Rigg mit dem Brett verbindet). Das richtige Brett aus der Vielzahl der angebotenen Modelle auszuwählen kann den Einsteiger zunächst entmutigen. In diesem Kapitel wird das richtige Equipment für Einsteiger erläutert und die Punkte herausgehoben, auf die es beim ersten Brettkauf ankommt.

Grundausstattung

Man sollte unbedingt eine Ausrüstung benützen, die dem eigenen Könnensstand entspricht und die korrekt aufgebaut und eingestellt ist. Sonst enden einige Versuche nur im Kampf gegen die Bedingungen, anstatt Vergnügen zu bereiten. Am besten verbringt man die ersten Stunden und Tage auf dem Leihbrett einer gut ausgestatteten Station. Kauft man sein erstes eigenes Equipment, sollte man sich vom Verkäufer den korrekten Aufbau zeigen lassen und wenn möglich mit guten Windsurfern aufs Wasser gehen, die bereits mehr Erfahrung mit der Ausstattung haben. Dies erspart, gerade in der Anfangszeit, viel Frust und Anstrengung.

Die Windsurf-Ausrüstung – für alle Levels, Typen und Alter – ist inzwischen leichter und einfacher zu benutzen denn je (oben).
Moderne, breite Einsteigerboards sind so einfach zu fahren und so stabil, dass man auf ihnen fast alles anstellen kann (rechts).

Kurz und bündig

Man unterscheidet zwei Kategorien beim Windsurfen: Longboards und Shortboards. Grundsätzlich sind Longboards für Einsteiger und bei Leichtwind auf flachem Wasser geeignet. Wenn der Wind jedoch zunimmt und bis zu drei und vier Windstärken erreicht, kommt man mit einem Brett ins Gleiten und erreicht sehr viel höhere Geschwindigkeiten. Dadurch entstehen ganz neue Herausforderungen, die mehr Können und anderes Equipment erfordern. Man kann natürlich auch bei höheren Windstärken auf Longboards fahren, doch entspannter und mit mehr Spaß surft man dann auf kleineren Boards. Gleitet das Brett mit hoher Geschwindigkeit, benötigt es viel weniger Volumen, um den Surfer zu tragen. Zudem sind das höhere Volumen und die Größe von Longboards auf welligem Wasser, vor allem auf dem Meer, von Nachteil. Früher war es ein großer Schritt von einem Longboard auf ein kurzes Brett, doch inzwischen ist die angebotene Palette so umfangreich, dass man Schritt für Schritt sein Board immer kleiner wählen kann, entsprechend dem eigenen Können. Nach den ersten Erfolgen werden Sie auch auf kleinere Boards wechseln können, doch sollte man für den Einstieg zunächst entsprechendes Material für Anfänger wählen.

Das Brett

Die entscheidenden Faktoren bei der Wahl eines Bretts sind Volumen und Breite. Zu Beginn braucht man maximale Stabilität und hohe Tragfähigkeit, also sollte man ein breites Brett (für Kippsicherheit) mit hohem Volumen (für Tragfähigkeit) aussuchen. Diese Longboards sind stabile »Flöße« für die ersten Übungsstunden. Probiert man ein kleineres Wave- oder Slalomboard aus, wird man feststellen, dass sie halb untergehen, sobald man darauf steht, dass die schwierigere Balance das Lernen erschwert. Man kann auf einem Longboard jede Menge Spaß haben und viele Manöver auch bei Leichtwind ausprobieren und perfektionieren.

Die meisten Einsteigerboards weisen zwischen 160 und 240 Liter Volumen auf und sind zwischen 60 und 70 Zentimeter breit. Schwergewichtige Männer sollten auf maximales Volumen achten, während Frauen und Kinder auch kleinere Bretter benützen können.

Bretter besitzen zumeist einen Schaumkern und eine Außenhaut aus tief gezogenem Polypropylen oder aus gemischten Materialien (composite).

■ Tief gezogene Bretter sind unempfindlich, aber schwer.

■ Composite Boards bestehen aus mehreren Schichten wie Fiberglas, Carbon und Kevlar, mit Epoxidharz verklebt.

■ Teurere Boards haben oft eine Waben-Sandwich-Konstruktion zwischen dem Kern und der Außenschicht.

Das erste Brett

Für die Grundmanöver sollte man ein Brett für Einsteiger ausleihen. Wenn man balancieren, das Rigg aufholen und geradeaus und eine Wende fahren kann, kann man sein erstes eigenes Brett kaufen. Es sollte stabil und vielseitig genug sein, um mit den meisten Bedingungen zurechtzukommen, und alle Fortschritte durch die verschiedenen Manöver mitmachen. Selbst wenn Sie auf kleinen Boards fahren wollen, kann man das erste Board für Leichtwindbedingungen behalten.

Allround-Boards besitzen Stabilität und genügend Volumen für Einsteiger. Sie haben zudem Fußschlaufen und ermöglichen auch den Einsatz für Fortgeschrittene bei stärkerem Wind.

Die beste Option ist ein Allround-Design. Dieses weist ein wenig geringeres Volumen und Breite auf als ein spezielles Anfängerbrett und ist vielseitiger. Es besitzt ein Schwert, eine Mastschiene (fest oder Vario-Ausführung) und Fußschlaufen, die man demontieren sollte, bis man in der Lage ist, sie auch zu benutzen.

Jumbo-Einsteigerbretter (Widestyle) besitzen kein Schwert und sind kürzer, meist unter drei Metern. Was ihnen an Länge fehlt, machen sie mit Volumen und Breite wieder wett, so dass sie kurz und fett aussehen. Sie vertragen auch stärkere Windbedingungen und führen Einsteiger, sozusagen als stabile Basis, bereits ans Gleiten heran. Die Grundtechniken sind die gleichen wie auf den Longboards. Windsurflehrer können einen beraten, um das optimale Brett für die eigenen Bedingungen und die Könnensstufe herauszufinden.

So lernen Sie Ihr Brett kennen

Das eigene Brett gut zu kennen – und zu wissen, was man damit alles machen kann – bringt Selbstvertrauen.

■ **Bug** Bretter mit geringerem Volumen im Bug sind schwieriger zu segeln und sinken leichter, daher sollte man lieber auf einem Brett mit breiterem Bug lernen.

■ **Heck** Bretter mit schmalem Heck sinken leicht ein und sind für Starkwind gedacht, wenn die Geschwindigkeit das Board stabilisiert.

■ **Standlack** Alle Bretter sind mit einem rutschsicheren Standlack ausgestattet, damit man auch barfuß nicht auf dem Brett rutscht.

■ **Schwert** Das Schwert hilft Einsteigern, härter am Wind zu segeln und ein Abdriften zu verringern.

■ **Finne** Die Finne sorgt für laterale (seitliche) und Richtungs-Stabilität. Für Anfänger und mittlere Surfer erfüllt auf Allroundboards eine Finne von 32 bis 40 Zentimeter Länge ihren Zweck für fast alle Bedingungen.

■ **Mastspur** In der Mastspur sind Rigg und Brett verbunden. Die Position des Riggs in der Mastspur kann je nach Bedingungen und Segelgröße verändert werden, doch sollten Einsteiger den Mast zunächst in der Mitte positionieren (siehe auch Grundlagen Aufbau auf Seite 20).

Das Rigg

Mit ein wenig Übung dauert es nur fünf Minuten, ein Segel aufzuriggen. Das Segel stellt den Antrieb dar, das sich über einen einzigen Gelenkpunkt bewegt. Das Rigg kann dreidimensional bewegt werden, wenn es am Board fixiert ist – so kann man das Brett in jede gewünschte Richtung dirigieren, im Tempo natürlich abhängig von der Windstärke.

Das Brett im Einzelnen

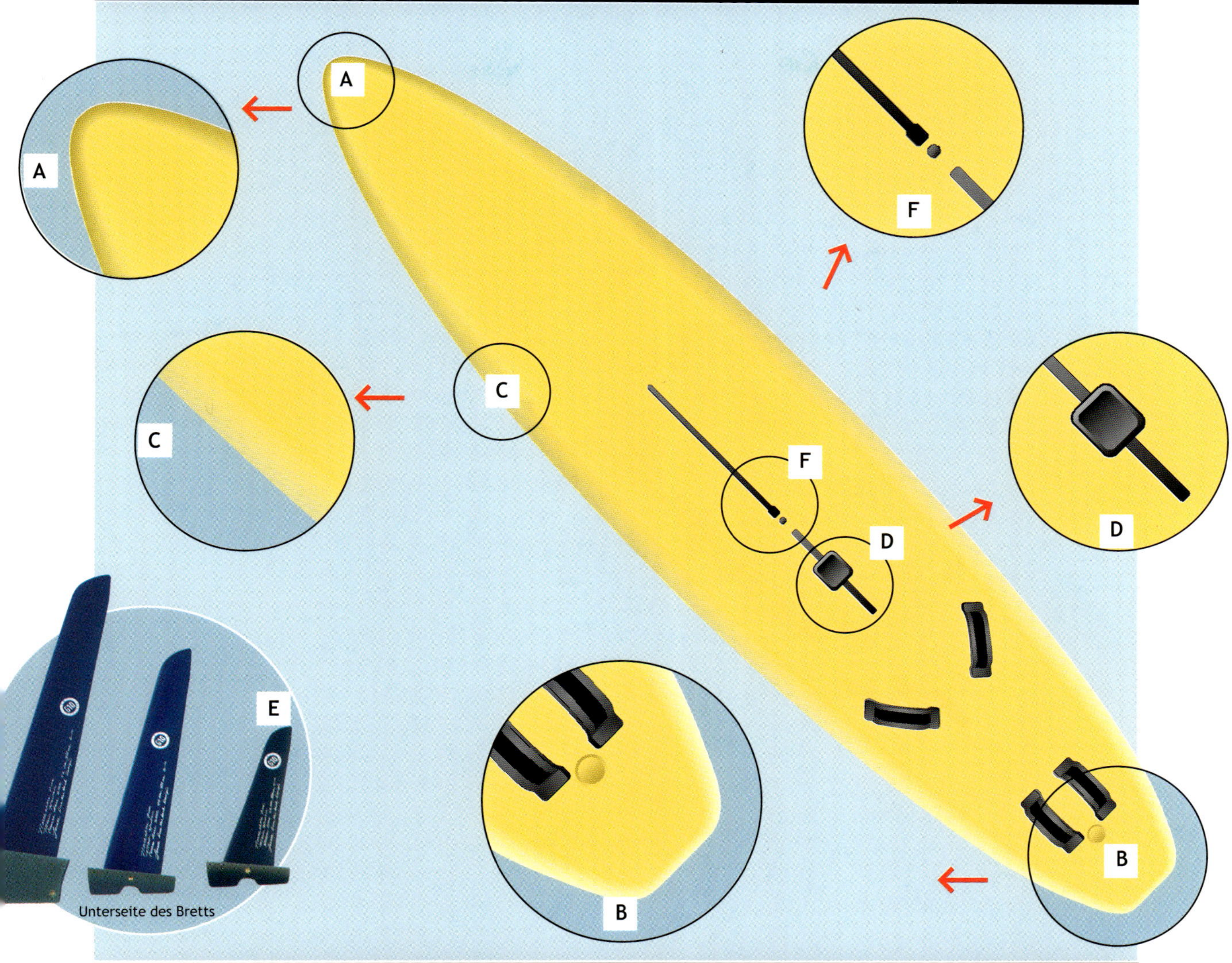

A Bug: *Der Bug ragt während der Fahrt aus dem Wasser, so dass das Brett über kleinere Wellen hinweggleitet und beschleunigen kann, ohne abzutauchen.*

B Heck: *Das Heck bleibt immer im Wasser und weist schärfere Kanten als der Rest des Bretts auf, um den Wassersog zu vermindern und das Brett schneller angleiten zu lassen. Ein breites Heck verleiht dem Brett Stabilität, so dass es nicht absinkt, wenn man sich nach hinten bewegt.*

C Standlack: *Alle Bretter sind mit einem rutschsicheren Standlack versehen, der sich wie Sandpapier anfühlt und Halt verleiht.*

D Schwert: *Das Schwert ist das Kriterium für ein Longboard, es kann aus- oder in das Brett eingeklappt werden. Ausgeklappt hat es die Funktionen eines Kiels an einem Segelboot und sorgt für höhere Stabilität und erleichtert das Wenden.*

E Finne: *Ohne Finne würde ein Brett nur im Kreis fahren. Finnen werden aus verstärktem Glasfiber hergestellt (G10 sind die härtesten) und passen in den Finnenkasten auf der Unterseite des Bretts am Heck. Die Finne wird durch die Finnenschraube fixiert, die meist von oben durchs Brett geschraubt wird.*

F Mastspur: *Es gibt zwei Arten von Mastspuren: Fest und einstellbar. Die feste Mastspur – inzwischen am gebräuchlichsten – besteht aus einer vertieften Rinne in der Boardmitte. Das Rigg wird über den Mastfuß fixiert, der wiederum mit einer Schraube und einem Plättchen an einer beliebigen Stelle in der Rinne befestigt wird. Einmal festgeschraubt, bleibt der Mastfuß in dieser Position.*

Das Segel

Windsurf-Segel bestehen aus Bahnen, die verklebt und genäht sind, um dem Segel seine Form (Shape) zu verleihen. Sie sind aus mehreren Materialien wie Monofilm (durchsichtiges PVC) und farbigem Dacron (gewebtes Polyester) hergestellt.

Das Segel wird durch Fiberglas-Stäbe gestützt, genannt Segellatten, die in engen Lattentaschen einseitig fixiert sind. Die Latten verleihen dem Segel Stabilität von der Masttasche (vordere Kante) in Richtung zum Achterliek (hintere Kante). Bei einem Richtungswechsel durch den Wind rotieren die Latten um den Masten, so dass sie immer auf der Leeseite liegen und das aerodynamisch günstigste Profil bilden. Für den Einsteiger sind Segel mit vier bis fünf Latten ideal.

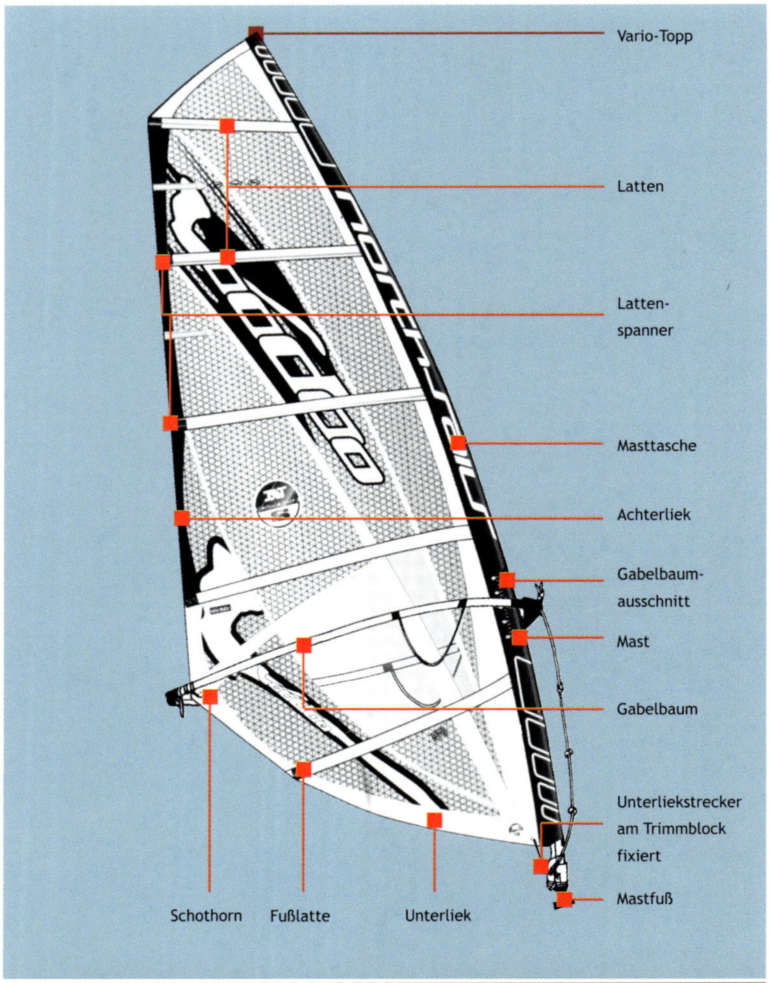

Allround-Segel mit rotierenden Latten.

Segelgrößen

Die Wahl der Segelgröße hängt vom Körpergewicht des Surfers, seinem Können und der Windstärke ab. Je schwerer Sie sind, umso mehr Segelfläche benötigen Sie, um genügend Druck im Segel zu haben. Je stärker der Wind, desto kleiner kann das Segel werden. Wenn die Windgeschwindigkeit zunimmt, steigt logischerweise auch die Power, die das Segel entwickelt, so dass man mehr Kraft und technisches Können braucht, um es noch zu beherrschen. »Überpowered« zu fahren – wenn das Segel eigentlich zu groß für den Wind ist – ermüdet und ist zudem schwierig und gefährlich. Die Segelgrößen zu verkleinern nennt man auch »runter«riggen. Im gegenteiligen Fall, wenn der Wind plötzlich nachlässt, reicht die Segelkraft nicht mehr aus, um sich im Trapez dagegenzulegen. Dann wird es Zeit, »hoch«zuriggen.

Anfänger üben normalerweise mit Segeln zwischen drei und fünf Quadratmetern, um das Handling zu erleichtern. Wenn die Grundtechniken einmal sitzen, sind 5,5 bis 6 Quadratmeter eine gute Standardgröße für Allroundboards, die man ab vier Windstärken einsetzen kann.

Segeltypen

- **Race-Segel** sind leistungsorientiert, um möglichst schnell geradeaus zu fahren. In oberen Größen gefertigt, sollen sie maximalen Zug erzeugen. Man erkennt sie an den weiten Masttaschen, langen Gabelbäumen, einem tief gezogenen Schnitt und vielen Latten (davon meist zwei unterhalb des Gabelbaums).
- **Allround-,** No-Cam- oder Wave-Slalom-Segel sind hauptsächlich für den ambitionierten Freizeitsurfer, denn sie bieten einen Kompromiss aus Kraft und Manövrierbarkeit. Sie besitzen meist fünf oder sechs Latten und ein Design, das zwischen Race-Segel und Wave-Segel liegt.
- **Wave-Segel** sind in harten Bedingungen leichter zu manövrieren. Sie weisen einen kürzeren Gabelbaum, weniger Latten und einen höher gezogenen Shape auf.

Race-Segel	Freeride-Segel	Wave-Segel
■ Weite Masttasche ■ 4–5 Camber ■ 6–8 Latten ■ Tief gezogener Shape 	■ Mittlere Masttasche ■ Keine Camber ■ 5–7 Latten ■ Unterliek nicht zu tief 	■ Enge Masttasche ■ Keine Camber ■ 4–6 Latten ■ Hohes Unterliek, kurzer Gabelbaum 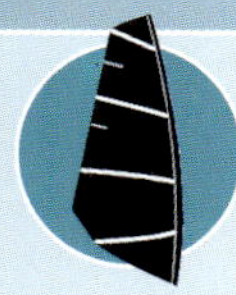

Masten

Die meisten modernen Masten sind zweigeteilt, um sie besser transportieren und lagern zu können, und bestehen aus Epoxy-Fiberglas mit unterschiedlich hohem Carbonanteil. Je mehr Carbon, desto leichter der Mast. Für den durchschnittlichen Surfer ist ein Carbonanteil von 30 bis 50 Prozent perfekt. Alles was darüber liegt, ist purer Luxus, aber wenn man bereit ist, dafür entsprechend zu zahlen, erhält man einen 75 – 100-prozentigen Carbonmast, der nur zwei Kilogramm wiegt. Masten gibt es in unterschiedlichen Längen, und engagierte Surfer werden mehrere Masten kaufen, um für alle Segel den passenden zu besitzen, doch für Einsteiger deckt ein Mast normalerweise drei Segelgrößen ab. Die Segelhersteller drucken die empfohlene Mastlänge aufs Segel. Beachten Sie die korrekte Mastlänge, sonst wird das Aufriggen nahezu unmöglich.

Mastverlängerungen

Mit einer Mastverlängerung passt man die Mastlänge exakt dem Segel an, so kann man auch mit geringen Umbauten ein größeres Segel aufriggen.

Gabelbaum

Der Gabelbaum besteht normalerweise aus Aluminium und sollte das Körpergewicht tragen, wenn man im Trapez hängt. Der Gabelbaum ist mit Kunststoff beschichtet, damit er sich angenehmer greifen lässt. Mit einem Schnellspann-Kopf wird der Gabelbaum am Mast befestigt, das Schothorn fixiert man mit einem Tampen, der durch eine Öse im Segel läuft. Mit einem Teleskop-System passt man die Gabelbaumlänge an die verschiedenen Segelgrößen an. Auch die empfohlenen Gabelbaumlängen stehen normalerweise auf dem Segel oder der Segeltasche.

A

B

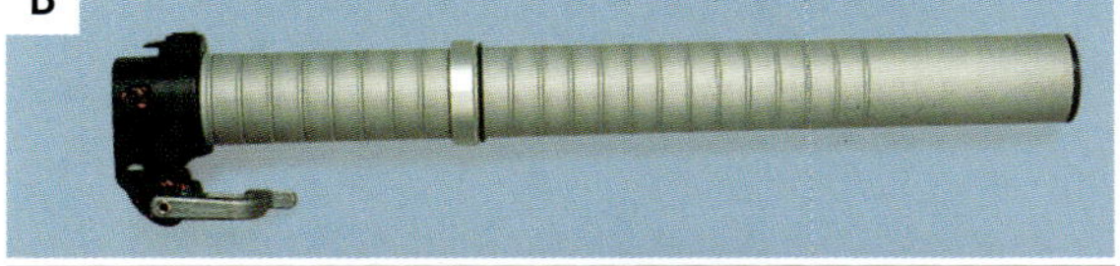

A Ein Mast mag wie der andere aussehen, doch die Größen und Eigenschaften sind für unterschiedliche Segel ausgelegt.
B Mastverlängerungen passen die Mastlänge insgesamt auf das korrekte Maß für das jeweilige Segel an.

C D

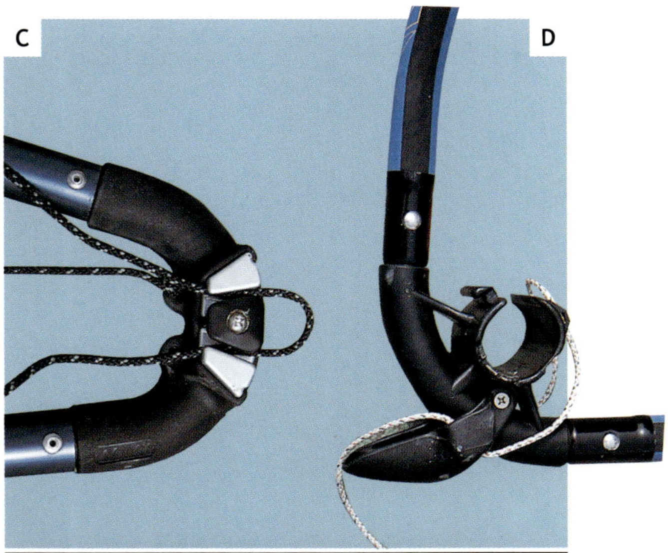

Das End- (C) und Frontstück (D) des Gabelbaums gewährleisten die feste Verbindung zu Mast und Schothorn.

Zubehör

Neoprenanzug

Der Körper braucht Schutz vor Sonneneinstrahlung oder Kälte und bei Stürzen. Neoprenanzüge gibt es in unterschiedlichen Materialstärken und Designs und gewährleisten mehr oder weniger Schutz. Je niedriger die Luft- und Wassertemperaturen, desto dickeres Neopren und mehr bedeckte Körperteile braucht man.

- In Nordeuropa ist im Frühjahr und Herbst bei frischem Wind und kühlen Temperaturen der 4–5-mm-Langarm-Steamer am beliebtesten, im Sommer kann man dann umsteigen auf einen 3-mm-Kurzarm-Neopren.
- In den südlichen Teilen von Europa und des restlichen Globus' braucht man selten einen langen Neopren, aber auch bei Sonne sollte man vorsichtig sein. Ist man auf dem offenen Wasser unterwegs und wird immer wieder nass, kann der Windchill den Körper stark auskühlen. Deswegen ist ein 2–3-mm-Shortie (kurze Arme und Beine) durchaus empfehlenswert.

Schuhe und Stiefel

Die Füße werden beim Windsurfen ganz schön beansprucht, daher sollte man sie schützen. Es gibt für warme Gewässer Surfschuhe und für kältere Surfbooties, Neoprenstiefel. Sie verbessern die Standfestigkeit, passen sich an und schützen gegen Kanten, wie die vom Schwert oder vom Mastfuß, ebenso wie gegen natürliche Ecken von Steinen, wenn man das Board zum oder vom Wasser wegträgt.

Auftriebshilfen

Zwar bringt auch ein Neoprenanzug Auftrieb, Einsteiger sollten trotzdem zusätzlich eine Schwimmweste tragen. Dies hilft vor allem am Anfang, wenn man sich noch oft im Wasser befindet. Achten Sie darauf, dass die Weste gut passt und nicht beschädigt ist.

Handschuhe

Das Segel aufzuholen und das Rigg zu halten, beansprucht stark die Hände. Handschuhe schützen die Haut, beeinträchtigen aber den Griff und lassen die Unterarme schneller ermüden. Viele surfen lieber ohne Handschuhe – das mag anfangs schmerzhaft sein, aber die Hände werden abhärten. Falls Sie Handschuhe benutzen, sollten es unbedingt Windsurf- oder Segelhandschuhe sein. Handschuhe dehnen sich, wenn sie nass sind, wählen Sie also die dünnsten und engsten, die Sie finden können.

A Neoprenanzüge gibt es für alle Körperformen und Bedingungen.
B Auch wenn viele Windsurfer auf Schuhe verzichten – in kaltem Wasser wärmen sie die Füße.
C Surfschuhe geben Grip und schützen die Füße vor Steinen und Riffen.
D Einsteiger sollten immer Schwimmwesten tragen.
E Handschuhe schützen die Hände – und vor allem die Handflächen – vor Verletzungen.

Trapeze

Zu Beginn wird Ihnen ein Trapez nicht viel nützen, aber es wird später ein unverzichtbarer Ausrüstungsgegenstand werden, um die Belastung von den Armen zu nehmen und das Rigg bei stärkerem Wind und höherer Geschwindigkeit kontrollieren zu können. Trapeztampen sind Taue, die jeweils auf einer Seite des Gabelbaums befestigt werden, zwischen den Händen, um sich mit dem Trapezhaken einhängen zu können. So kann man sich jederzeit aushängen, ist aber fest mit dem Rigg verbunden, was bedeutet, dass man jeder Bewegung des Riggs folgen muss – daher sollte man die Grundtechniken zunächst beherrschen!

Drei Typen

■ Das Sitz- oder Slalomtrapez führt um den Po, zwei Riemen verlaufen um die Beine. Dies ist die bequemste Lösung für Freizeitsurfer, die gute Kontrolle bei hohen Geschwindigkeiten wollen oder noch nicht zu lange Trapez fahren.

■ Beim Hüfttrapez sitzt der Haken höher – etwa über dem Bauchnabel – und liegt um die Hüften und das Rückgrat. Es unterstützt den Rücken stärker und gibt mehr Bewegungsfreiheit, wenn man aufrechter surft, etwa in Wellen. Diese Trapezform hat sich am stärksten durchgesetzt, da sie von fast allen Könnensstufen in vielen Bedingungen einzusetzen ist.

■ Das Brusttrapez – ehemals der Standard – wird nun hauptsächlich von fortgeschrittenen Surfern eingesetzt, die sich schnell ein- und aushängen wollen und die den Rückenschutz mögen, wenn man bei harten Manövern schlecht landet.

F

G

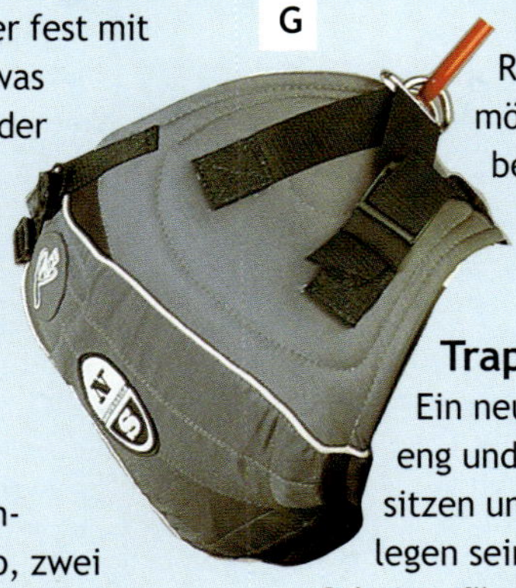

Trapezkauf

Ein neues Trapez sollte eng und angenehm sitzen und leicht anzulegen sein. Es gibt eigene Schnitte für Frauen und Jugendliche, und ein guter Verkäufer sollte die richtige Passform und Art für Ihren Surfstil finden.

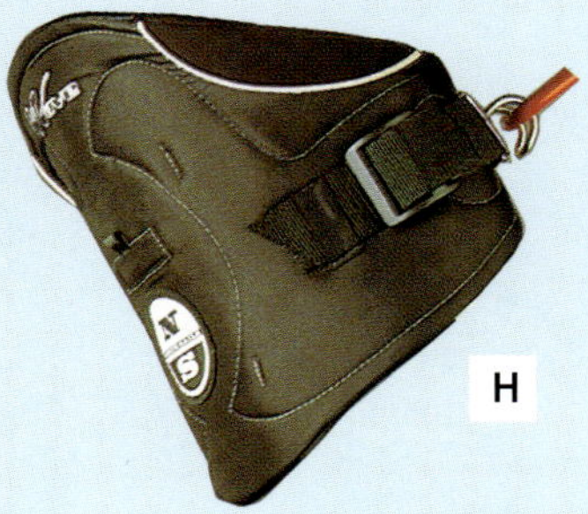

H

Dachträger und Gurte

Sehr wahrscheinlich werden Sie ein Fahrzeug benutzen, um Ihre Ausrüstung zum Wasser zu transportieren. Wenn ja, sollten Sie einen stabilen Dachträger benutzen und prüfen, ob die Ausrüstung sicher befestigt ist. Verwenden Sie keine Seile (sie können die Ausrüstung beschädigen) oder elastische Gummispinnen (diese sind nicht sicher genug). Gute Windsurfgurte sind kräftig und haben sichere, leicht einzustellende Schnallen, um das Board und Riggteile sicher am Träger befestigen zu können.

I

F Dieses Sitz- oder Slalomtrapez besitzt eine Rückenstütze.
G Ein Standard-Sitztrapez liegt um die Hüften, jedoch nur mit reduzierter Rückenstütze.
H Ein Brusttrapez stützt und ermöglicht eine aufrechte Haltung, was entspannteres Surfen erlaubt.
I Am besten transportiert man die Ausrüstung auf dem Dachträger, mit Gurten festgeschnallt.

Die ersten Schritte

Für die ersten Schritte braucht man ein sicheres Gewässer, ein Brett und Rigg für Einsteiger und die nötigen Kenntnisse der Grundtechniken des Windsurfens. Der einfachste und sicherste Weg zu beginnen ist an einem geschlossenen Gewässer und mit einem Lehrer. Es gibt Tausende von anerkannten Windsurfschulen und -zentren überall auf der Welt, die die nötige Hilfe für den Einstieg bieten. Es ist nicht ratsam, sofort eine Ausrüstung zu kaufen, ohne je auf einem Brett gestanden zu sein. Falls Sie einen Kurs belegen, ist das Material meist inbegriffen oder Sie können es mieten. Mit mehr Erfahrung können Sie dann Ihr eigenes Equipment aussuchen, um weiterzukommen.

Mit einem Kurs hat man zwar den ersten Schritt getan, doch um wirklich Spaß an der Bandbreite des Windsurfens zu haben, braucht man Erfahrung und Übung. Sie werden sehen, der Erfolg stellt sich mit wachsender Übung ein und vor allem der richtigen Einschätzung der Bedingungen und der Ausrüstung – und viel Zeit im nassen Element.

Lassen Sie sich von einem erfahrenen Lehrer eines anerkannten Windsurfzentrums unterrichten. Durch die professionelle Hilfe wird man viel schneller weiterkommen.

Vorbereitung

Grundsätzliche Vorbereitungen und Sicherheitsvorkehrungen stehen am Anfang. Es gibt jede Menge gute Ausrüstung für Einsteiger, doch wie es aufgebaut wird, ist entscheidend. Das richtige Aufriggen und der Trimm sind unerlässlich für einen guten Start.

Erst wenn Sie die Grundbedingungen des Windsurfens kennen, wird Ihnen klar werden, wie Board und Rigg funktionieren und wie man surft, steuert und wendet und auf den Wind reagiert. Nehmen Sie sich einen guten Lehrer und lassen Sie sich Zeit bei den einfachen Grundregeln. So vermeidet man schlechte Bewegungsabläufe, die das Lernen verlangsamen können.

Aufriggen und Trimm

Jeder Windsurfer, egal wie gut er ist, erwartet von seinem Segel Kontrolle, Stabilität, geringe Zugkräfte und dass es einen großen Windbereich abdeckt. Dies ist nur möglich, wenn das Segel korrekt aufgeriggt und getrimmt ist (siehe dazu: Korrektur eines schlecht getrimmten Segels auf Seite 22) – ansonsten wird die Ausrüstung gegen Sie arbeiten, nicht richtig auf den Wind reagieren, sich auf dem Wasser zerlegen oder reißen.

Vorbereitung des Bretts und Riggs

Die Grundeinstellungen treffen für jedes Brett und Segel zu. Man kann das Aufriggen selbst ausprobieren, doch bevor Sie zum ersten Mal aufs Wasser gehen, sollten Sie einen erfahrenen Surfer darum bitten, Ihre Ausrüstung zu checken, vielleicht sogar auszuprobieren.

Der erste Erfolg auf dem Wasser hängt nicht nur von Ihrem Können, sondern auch von Ihrem Verständnis der Wind- und Segeltheorie ab.

Die richtige Segelgröße

Mit mehr Erfahrung auf dem Wasser wird man auch größere Segel noch im Griff haben. Nach ein paar Tagen können Sie vielleicht schon ein 4,5 – 5,5-m^2-Segel in leichten bis moderaten Winden (unter 12 Knoten oder 22 km/h) halten. Am Anfang sollten Sie das kleinstmögliche noch beherrschbare Segel wählen. Ein 4 – 4,5-m^2-Segel dürfte für alle Verhältnisse passen.

Windstärke

Die Windstärke ist ein entscheidender Faktor für die Wahl der Segelgröße. Je stärker der Wind, desto kleiner das Segel. Also sollten Sie lernen, die Windgeschwindigkeit einzuschätzen. Es gibt kleine tragbare Windmesser, die die Windstärke angeben. Aber Sie sollten in der Lage sein, die Bedingungen selbst zu »lesen«.

■ Schauen Sie die Struktur der Wasseroberfläche genau an. Vielleicht haben Sie es zuvor noch nie bemerkt, aber der Wind auf dem Wasser verursacht ein Muster auf der Oberfläche, wie Rippen. Wenn der Wind zunimmt, werden diese Rippen intensiver und deutlicher. Wenn der Wind stärker zunimmt, erscheinen kleine weiße Schaumkronen. Dies ist ein klares Zeichen, dass es für Anfänger zu heftig ist. Idealerweise sollte man für den Anfang relativ ruhiges Wasser und Windstärken zwischen 3 und 10 Knoten haben.

■ Man kann auch Merkmale auf dem Land beobachten. Rauch, der senkrecht aufsteigt, bedeutet einen ruhigen Tag auf dem Wasser. Schwankende Bäume und schlagende Äste sind ein klares Zeichen, dass die Bedingungen für einen Anfänger nicht geeignet sind.

■ Sprechen Sie mit anderen Windsurfern, sie können helfen, die passende Segelgröße für die Bedingungen auszuwählen. »Womit sind die da draußen unterwegs?«, ist eine oft verwendete Frage auf den Stränden überall auf der Welt. Selbst Profis stellen diese Frage, also scheuen Sie sich nicht, es auch zu tun.

Segel gibt es in verschiedenen Größen, um sie Windstärke und Gewicht und Können des Surfers anzupassen. Die durchschnittliche Palette reicht von 4 bis 8 Quadratmeter.

Körpergewicht und Können

Neben der Windstärke sind das Körpergewicht und das eigene Können entscheidend für die Wahl der Segelgröße. Je schwerer und erfahrener Sie sind, desto größer kann das verwendete Segel sein. Wenn Sie also wenig wiegen und gerade erst angefangen haben, sollten Sie ein kleineres Segel als andere Windsurfer am gleichen Spot verwenden. Durch ihre Erfahrung in den gleichen Bedingungen und ausgehend von dem Material, das die anderen verwenden, sollten Sie schon bald in der Lage sein, die richtige Segelgröße für sich selbst zu wählen.

Der Aufbau

Die grundsätzlichen Teile und die Methode des Aufbaus sind immer gleich, egal welche Segel- oder Brettmarke Sie besitzen. Suchen Sie sich zum Aufriggen einen geschützten Platz. Lassen Sie das Material nie halb aufgeriggt oder unbeobachtet liegen. Selbst eine leichte Bö kann das Rigg wegfliegen lassen. Deshalb sollte das Rigg immer am Brett fixiert, oder einem festen Gegenstand wie einem Pfosten oder dem Auto, festgebunden sein, wenn Sie es verlassen müssen.

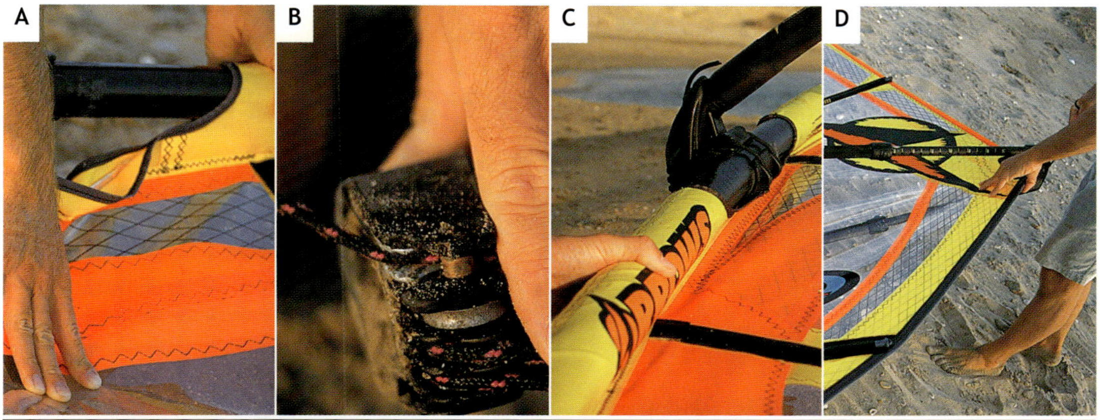

A *Schieben Sie den Mast in die Masttasche.*
B *Mit Hilfe des Unterliekstreckers am Trimmblock geben Sie dem Segel die richtige Spannung am Unterliek.*
C *Befestigen Sie das Gabelbaum-Frontstück in der Mitte der Masttaschen-Aussparung. Die genaue Einstellung kann später erfolgen.*
D *Das Schothorn wird am Gabelbaum-Endstück gespannt.*

Aufbau des Riggs

Bevor Sie das Rigg aufbauen, sollten Sie sich mit den Einzelteilen (siehe Seiten 13 und 14) und deren Funktionen vertraut machen.

Schritt 1 Schieben Sie zuerst den Mast in die Masttasche. Steckt der Mast komplett darin, schieben Sie die Mastverlängerung hinein und befestigen die Trimmschot an der Öse oder dem Trimmblock des Segels. Überprüfen Sie die Angaben Ihres Segelherstellers, um sicher zu gehen, dass die Mastlänge zusammen mit dem Maß der Verlängerung der angegebenen Länge für Ihr Segel entspricht (siehe Seite 94).

Schritt 2 Das Segel erhält sein Profil über die Vorliesspannung. Dies erfordert meist sehr viel Kraft. Wickeln Sie also die Trimmschot um einen gut zu greifenden Gegenstand (es gibt spezielle Trimmhilfen) und ziehen Sie, während Sie den Fuß gegen das Mastende stemmen, das Segel fast bis hinab zum Mastfuß. Wenn alle Maße stimmen, sollte nur noch ein kleiner Abstand (2,5 bis 5 Zentimeter) für den Feintrimm bleiben.

Schritt 3 Klemmen Sie den Gabelbaum mit dem Frontstück an den Mast, ungefähr in der Mitte des Masttaschen-Ausschnitts. Der Gabelbaum muss sehr festsitzen, vergewissern Sie sich, dass die Klemmung eng und sicher am Mast sitzt.

Schritt 4 Führen Sie die Trimmschot des Achterlieks durch die Öse am Schothorn des Segels. Stellen Sie die Gabelbaumlänge nach den Angaben des Segelherstellers ein. Wie beim Vorliek gibt es verschiedene Einstellungen für den Feintrimm. Die meisten modernen Segel benötigen eine gewisse Spannung, um Profil und Stabilität zu erhalten. Bei korrekter Einstellung liegt das Achterliek am Ende des Gabelbaums an.

Schritt 5 Die Latten befinden sich im Segel. Überprüfen Sie die Faltenbildung an den Lattentaschen. Falls Falten auftreten, benutzen Sie die Lattenspanner am Ende der Lattentaschen, um die Spannung zu erhöhen und die Falten verschwinden zu lassen.

Schritt 6 Schieben Sie das Schwert in den Schwertkasten. Bei manchen Herstellern ist es immer im Board. Überprüfen Sie, ob sich das Schwert leicht verstellen lässt und lassen es anschließend eingeklappt im Brett, bis Sie auf dem Wasser sind.

Schritt 7 Stecken oder schrauben Sie den Mastfuß in die Schiene, so kann man das Brett leichter tragen. In der Mastschiene gibt es verschiedene Positionen, für die meisten Einsteiger ist eine mittlere Position – ca. 145 bis 165 Zentimeter vom Heck entfernt – auf Einsteigerboards am besten. Überprüfen Sie den festen Sitz des Mastfußes.

Schritt 8 Versichern Sie sich, dass die Finne fest in der Finnenbox sitzt und alle anderen Teile sicher sitzen.

Das Segel weist ein gewölbtes Flügelprofil auf, und die Masttasche ist im Gabelbaumbereich straff gespannt. Die Latte oberhalb des Gabelbaums liegt auf einer Seite des Masts, so dass sie frei rotieren kann, wenn der Wind von der anderen Seite einfällt. Das Schothorn weist genügend Spannung auf.

So korrigiert man schlechten Trimm

Ein Segel korrekt zu trimmen hat viele Tücken, aber wenn Sie sich einmal mit der richtigen Einstellung auskennen, sollte man Probleme auf dem Wasser vermeiden können.

Jeder Segelhersteller liefert für sein Produkt eine entsprechende Anleitung, und obwohl sich die verschiedenen Marken unterscheiden, gibt es doch grundlegende Trimmprinzipien, die für alle Segel gelten. Ziel ist, ein faltenfreies, stabiles Flügelprofil zu erreichen. Unten sehen Sie einige der häufigsten Probleme, die beim Segeltrimm auftreten.

Ein schlecht getrimmtes Segel

A Das Segel ist schlaff, und es treten Querfalten auf. Um dies zu beseitigen, müssen Sie die Vorliekspannung erhöhen. Falls dazu kein Platz mehr ist, muss die Mastverlängerung weiter ausgefahren werden, dann erhöhen Sie den Zug, bis alle Falten aus dem Segel verschwunden sind. Man kann fast nicht zu viel Spannung auf das Vorliek bringen. Nur wenn das Segel komplett flachgezogen ist und die Latte oberhalb des Gabelbaums weit vom Mast absteht, ist zu viel Spannung im Vorliek.

B Das Segel sitzt zu locker an der Masttasche: Auch hier ist die Vorliekspannung zu gering, so dass das Segel instabil ist und nicht sensibel genug auf den Wind reagiert. Wenn man die Masttasche mit der Hand bewegen kann, ist sie zu locker. Sie sollte sich unbeweglich und fest anfühlen.

C Das Schothorn sollte so gespannt sein, dass das Segel den Gabelbaum nicht berühren kann. Ist dies der Fall, den Gabelbaum verlängern, so dass das Schothorn gerade bis zum Ende reicht. Abstand lässt das Segel und den Gabelbaum instabil werden. (Eine zu hohe Spannung verursacht Querfalten vom Schothorn ausgehend.)

D Ziehen Sie das untere Ende des Vorlieks möglichst nahe zum Mastfuß. Stellen Sie die Mastverlängerung so ein, dass Sie genügend Vorliekspannung erreichen, aber die Lücke zwischen Segel und Mastfuß so klein wie möglich ist.

E Bewegt sich das Gabelbaumfrontstück am Mast, kann er auf dem Wasser verrutschen oder sich lockern. Ein richtig festsitzender Gabelbaum bringt Sicherheit und verleiht ein besseres Gefühl für den Wind und das Rigg.

Tuning

Je größer das Segel, desto kräftiger wird es ziehen. Die Kraft eines Segels wird aber auch bestimmt durch seine »Füllung« (Segelbauch oder Kurve des Profils). Ein Segel für leichteren Wind sollte »voller« getrimmt werden (also mit größerem Bauch). Wenn der Wind zunimmt, kann man das Segel flacher trimmen, um es besser kontrollieren zu können. Um dies zu steuern, benützt man die Vorlieks- und Achterlieksspannung (siehe Seiten 94 und 95). Je höher die Spannung an Vor- und Achterliek, desto flacher wird das Segel. Die Trimm-Maße des Herstellers sind normalerweise auf das Segel gedruckt, überprüfen Sie jedoch, dass der Zug am Achterliek nie mehr als 3-5 cm beträgt, um das Schothorn zu fixieren. Immer wenn der Wind auffrischt, zuerst die Spannung am Vorliek erhöhen, um es flach zu trimmen, und dann erst am Achterliek.

Das richtige Zubehör

Ohne den richtigen Trimmblock kann man gar nicht die notwendige Vorlieksspannung erzeugen. Ein Verhältnis von 4:1 (die Anzahl der Umlenkungen der Trimmschot) ist das Minimum, besser ist 6:1, und 8:1 ist echter Luxus. Eine Trimmschot, die nur durch die Segelöse läuft, ist ein Witz. Das andere entscheidende Zubehör ist eine Trimmhilfe. Ein Mastfuß, ein Trimmgriff, der Trapezhaken und Gabelbaumrohre werden Ihren Rücken und die Hände beim Vorliekstrimm schonen.

Mit einer Trimmhilfe kann man leichter die nötige Vorliekspannung aufbringen, und der Trimmtampen schneidet nicht in die Handflächen.

Die richtige Gabelbaumhöhe

Wichtig ist die korrekte Gabelbaumhöhe, angepasst an die eigenen Bedürfnisse. Stellen Sie das Rigg mit dem Mastfuß in der Verlängerung aufrecht vor sich hin. Nun sollte die Gabelbaumbefestigung zwischen Schulter- und Kinnhöhe liegen. Um den Gabelbaum einzustellen, lösen Sie die Schnalle, schieben den Gabelbaum in die richtige Position – auf Schulterhöhe – und fixieren die Schnalle wieder. Die richtige Gabelbaumhöhe entscheidet über die Rigg- und Brettkontrolle. Ist der Gabelbaum zu tief oder zu hoch, verschwendet man Kraft und Energie und behindert seinen Fortschritt.

Ist der Gabelbaum zu tief, verschlechtert sich die Riggkontrolle, und man bremst seinen Lernfortschritt, vor allem bei der Trapeztechnik und bei stärkerem Wind.

Das Gabelbaum-Frontstück sollte in etwa zwischen Schulter- und Kinnhöhe befestigt sein, wenn das Rigg aufrecht steht.

Tragen der Ausrüstung

Beim ersten Transport des Bretts und Riggs zum Wasser können jede Menge Probleme auftreten. Plötzlich müssen Sie mit zwei sehr unhandlichen Teilen umgehen. Ohne Wind kann man sie noch ganz gut im Griff behalten, doch der leichteste Windstoß kann den Weg zum Strand schwierig gestalten. Am besten bringt man das Board nahe ans Wasser, bevor man mit dem Aufriggen beginnt. Liegt das Surfrevier weiter entfernt vom Aufriggplatz, lassen Sie das Rigg nie unbeaufsichtigt oder im Wind liegen – es könnte verschwunden sein, wenn Sie zurückkommen. Transportieren Sie das Brett zuerst und lassen das Rigg in einem geschützten Bereich oder binden Sie es an einen festen Gegenstand, bis Sie es holen. Dann sollte das Rigg so schnell wie möglich am Brett befestigt werden – ein Rigg fliegt schneller, als man denkt, und anderen am Strand oder Ufer kann ein fliegendes Rigg sehr gefährlich werden. Lassen Sie es niemals außer Acht – auch nicht für ein paar Sekunden. Ist das Rigg einmal am Brett, wirkt dieses wie ein Anker, wenn man es nach Luv legt. Das Brettgewicht drückt das Segel nach unten und zwingt den Wind dazu, über das Segel zu streichen, so dass es kaum mehr umschlagen kann. Am besten legt man das Rigg so, dass der Wind längs vom Mastfuß zum Masttopp verläuft. Erst dann können Sie alles beruhigt so liegen lassen.

So trägt man das Brett

Um das Brett zu tragen, klappen Sie am besten das Schwert aus, so dass die Hand in den Schwertkasten oder sogar um das Schwert greifen kann (dies ist ein guter Balancepunkt). Die andere Hand kann auf der anderen Seite des Bretts die Mastschiene oder den Mastfuß greifen. Richten Sie möglichst den Bug oder das Heck immer in den Wind. Falls eine Seite des Bretts den Wind fängt, kann es plötzlich umschlagen. Lassen Sie das Brett an der Wasserlinie mit eingeklapptem Schwert und dem Heck direkt in den Wind zeigend liegen. Auf einem Sandstrand sollten Sie die Finne etwas in den Sand drücken, um das Brett zu sichern, während Sie das Rigg holen.

Um das Brett zum und vom Ufer zu tragen, nimmt man es seitlich und hält es mit einer Hand in der Mastspur, mit der anderen greift man an das Schwert.

So trägt man das Rigg

Lassen Sie sich vom Wind helfen. Zeigen der Mastfuß und/oder der Mast zum Wind, strömt der Wind übers Segel und macht es stabiler, und es trägt sich leichter. Suchen Sie sich eine Position, die es Ihnen je nach Bedingungen am leichtesten macht. Am besten probiert man unterschiedliche Tragevarianten aus, je nach den Windverhältnissen vor Ort.

Das Rigg über dem Kopf tragen

Das Rigg sollte horizontal getragen werden, mit der Mast-Längsseite zum Wind und dem Mastfuß in der Richtung, in die man gehen möchte. So greift der Wind unter das Segel und lässt es schweben. Das Rigg ist stabil und kontrollierbar, wenn der Wind zuerst über den Mast strömt. Wenn man das Rigg dreht, so dass der Wind zunächst über das Schothorn bläst, wird es schwer und wird umschlagen. Bei leichten Winden trägt man das Rigg über dem Kopf. Eine Hand hält den Mast, die andere den Gabelbaum. Der Kopf bildet den dritten Teil des Dreiecks, und das Segel liegt leicht darauf. In dieser Position sollte das meiste Gewicht auf den Armen liegen, ansonsten riskiert man, das Segel zu beschädigen.

Das Rigg auf der Seite tragen

Eine beliebte Methode bei starkem Wind oder für kurze Entfernungen ist, das Segel auf der Seite in Hüfthöhe zu tragen. Der Mastfuß zeigt in den Wind, die vordere Hand hält den Gabelbaum und die hintere den Mast. Das Rigg wird hochgehoben und liegt auf der Hüfte. Wenn das Rigg waagrecht liegt und der Mast parallel zum Wind, hebt der Wind das Segel.

Brett und Rigg gemeinsam tragen

Befindet man sich nahe am Wasser, kann man Brett und Rigg gemeinsam tragen. Drehen Sie das Brett auf die Seite, so dass es im 90-Grad-Winkel auf der Kante steht. Um den Balancepunkt zu finden, greifen Sie mit der hinteren Hand den Gabelbaum und halten das Heck oder die Fußschlaufe des Bretts und schieben den Bug vorwärts. Auf Sand oder rutschigem Untergrund sollte das Brett nicht beschädigt werden.

Windrichtung

Die roten Pfeile in den Fotos geben überall im Buch die Windrichtung an. ↖

Trägt man das Rigg über dem Kopf, müssen Mast und Mastfuß in den Wind zeigen. Diese Methode wendet man hauptsächlich bei leichten Winden an.

Bei stärkerem Wind oder bei kurzen Entfernungen kann man das Rigg leichter auf der Seite tragen. Auch hierbei zeigen der Mastfuß und/oder der Mast in den Wind.

Auf kurze Entfernungen lassen sich Brett und Rigg gemeinsam tragen, kleinere und leichtere Bretter kann man dabei komplett hochheben.

Die ersten Schritte

Für die ersten Einheiten auf dem Wasser sollte man die bestmöglichen Bedingungen dafür wählen: Am besten eignen sich Winde zwischen 3 und 10 Knoten und ruhiges, glattes Wasser. Surfen Sie immer mit einem Lehrer oder jemand, der sehr gut windsurfen kann, und seien Sie sich immer bewusst darüber, aus welcher Richtung der Wind kommt und welche Strömungen es im Wasser gibt. Sie sollten im 90-Grad-Winkel zum Wind hin und her fahren und ohne Probleme zurück zum Ausgangspunkt kommen können. Die beste Windrichtung für den Anfang ist auflandig oder schräg auflandig. Ablandige Winde sind sehr gefährlich und sollten vermieden werden.

Normalerweise werden Anfänger nach Lee getrieben, daher sollte man nach leicht Luv steuern und sich einen Markierungspunkt an Land einprägen, bevor man losfährt. Auf dem Wasser kann man regelmäßig den Abstand zu dieser Landmarke überprüfen und kontrollieren, wie weit man draußen ist. Vergessen Sie nicht, dass man durch Strömungen und Ebbe und Flut abtreiben kann, also achten Sie immer auf Ihre Position.

Viele Windsurfschulen benützen Simulatoren an Land, um grundlegende Dinge wie Position und Fußstellung zu erläutern.

Mit kleineren leichteren Riggs können schon Kinder ab sechs Jahren Windsurfen lernen.

Sicherheit und Selbstrettungsmaßnahmen

Auch wenn Windsurfen eine relativ ungefährliche Sportart ist, sollte man nie vergessen, dass man sich in möglicherweise sehr gefährlichen Gefilden bewegt. Daher sollte man immer vorsichtig handeln und sich gut über die vorhandenen Gefahren informieren, bevor man aufs Wasser geht. Für alle Windsurfer gilt: Sich der möglichen Gefahren bewusst zu sein und zumindest einige der Selbstrettungsmaßnahmen zu beherrschen. Nahezu jeder Windsurfer wird, egal wie gut er ist oder wie viel Erfahrung er besitzt, einmal genötigt sein, diese Maßnahmen zu benützen. Dies kann passieren, weil vielleicht der Mastfuß aus der Halterung gesprungen ist oder der Wind so abgenommen hat, dass man kaum oder nicht mehr an Land surfen kann. Oder es gibt gefährlichere Situationen wie ein Wetterumschwung oder eine Verletzung.

Die grundlegenden Sicherheitsregeln und -maßnahmen, die auf Seite 27 vorgestellt werden, sollen die Chancen verringern, Probleme zu bekommen, und Ihnen dabei helfen, mit Vorfällen und gefährlichen Situationen umzugehen und anderen zu helfen, die in Schwierigkeiten sind.

Sicherheitsregeln

■ Lernen Sie Windsurfen nur an einem Platz mit einem ständig besetzten Rettungsboot und einem qualifizierten Windsurf-Lehrer.

■ Falls Sie kein guter Schwimmer sind, tragen Sie eine Auftriebshilfe.

■ Tragen Sie den richtigen Neoprenanzug für das Klima. Selbst bei warmen Temperaturen kann Wind Unterkühlung verursachen. Sorgen Sie für ausreichenden Wärmeschutz.

■ Surfen Sie niemals alleine, wenn Sie das Revier, die Wetterbedingungen oder Ihre Ausrüstung nicht bestens kennen. Informieren Sie sich über Gezeiten, Strömungen, Unterwasserbedingungen und alle anderen Besonderheiten vor Ort.

■ Surfen Sie immer innerhalb Ihres Könnenlevels, ansonsten beschwören Sie Gefahren für sich und andere herauf.

■ Alarmieren Sie andere Wassersportler oder Rettungsdienste, sobald sich jemand oder Sie selbst in Gefahr befindet.

■ Falls Sie auf großflächigen Gewässern surfen, vermeiden Sie ablandigen Wind. Trotz dieser Warnung surfen viele unerfahrene Sportler bei ablandigem Wind. Tun Sie es nicht!

■ Bis Sie Erfahrung gesammelt haben und sich auf dem Wasser wohl fühlen, sollten Sie auf Binnengewässern und geschützten Revieren bleiben. Auf einem See an Land gespült zu werden ist auch schon eine Lektion, aber sicherer, als aufs offene Meer zu treiben.

■ Selbstrettung funktioniert am einfachsten bei geringen Windstärken (siehe »Schmetterling« auf Seite 29). Bei stärkerem Wind sollte man sehr viel vorsichtiger sein. Diese Bedingungen können zu gefährlichen Situationen führen, also fahren Sie lieber sofort zum Ufer zurück, wenn der Wind zu stark für Sie wird.

■ Immer, wenn Sie aufs Wasser gehen, sollten Sie zunächst nur eine kurze Strecke hinaus- und dann wieder zurücksurfen. So können Sie herausfinden, ob die Segelgröße passt und ob Sie mit den Bedingungen zurechtkommen. Finden Sie erst weit auf dem Meer heraus, dass Sie überfordert sind, kann es sehr schwierig werden, zurückzukommen.

■ Falls der Mastfuß bricht oder sich löst und sich das Rigg vom Brett trennt, schwimmen Sie zunächst immer zum Brett – und zwar flott! Es wird sehr viel schneller vom Wind abgetrieben. Einmal am Brett, sind Sie relativ sicher. Man kann dann leichter zum Rigg paddeln, das normalerweise auf der Wasseroberfläche treibt.

■ Wenn Sie merken, dass Sie erschöpft sind, surfen Sie auf dem kürzesten Weg zum Ufer. Es muss nicht der Ausgangspunkt sein – Hauptsache, Sie kommen schnell an Land!

Ein Neopren-Shorty für warme Bedingungen schützt vor Wind und Sonneneinstrahlung und hält den Körper in Wind und Wasser warm.

Eine gutsitzende Auftriebshilfe ist unbedingt nötig für schlechte Schwimmer – vor allem in tiefen Gewässern.

Das internationale Notsignal: Die gestreckten Arme immer wieder über den Kopf heben und senken, um Aufmerksamkeit zu erregen und darauf hinzuweisen, dass man in Not ist.

Notsituationen

Falls Sie bemerken, dass Sie sich auf dem Wasser in Schwierigkeiten befinden oder etwas gebrochen ist, handeln Sie schnell, sonst können Sie in ernsthafte Gefahr geraten. Machen Sie andere Windsurfer oder Wassersportler auf sich aufmerksam. Diese können Ihnen vielleicht unmittelbar helfen oder zumindest Rettungsdienste alarmieren.

Falls sich niemand in Rufweite befindet, müssen Sie irgendwie auf sich aufmerksam machen. Das Internationale Notsignal funktioniert so: Heben und senken Sie beide gestreckten Arme mit geballten Fäusten unaufhörlich über Ihren Kopf. Viele Schwimmwesten haben fluoreszierende Flaggen oder Pfeifen, damit kann man gut auf sich aufmerksam machen.

Das internationale Notsignal funktioniert noch gut auf kurze Distanzen, aber ein Windsurfer, der inmitten einer großen Wasserfläche und Wellen auf seinem Brett sitzt, ist kaum zu sehen. Scheint die Sonne, können Sie versuchen, mit dem Glas Ihrer Uhr Lichtreflexe auf andere Menschen zu richten.

Notabriggen

Sollten Sie mit den Bedingungen oder dem Material überhaupt nicht mehr zurechtkommen, müssen Sie zum Ufer zurückpaddeln, also sollten Sie abriggen. Dazu trennt man das Rigg vom Brett und riggt dann ab. Am besten lässt man den Mastfuß und die Verlängerung am Brett, da beides nicht schwimmt und leicht verloren gehen kann. Dann lösen Sie den Gabelbaum, legen ihn über das Brett und binden die Aufholschot an die Mastverlängerung, damit Sie diese nicht verlieren. Auf dem Brett sitzend zieht man das Segel ab und rollt es so eng wie möglich zusammen. Legen Sie das Segel und den Mast längs auf das Brett und legen Sie sich darauf. Dann paddeln Sie Richtung Ufer. In rauer See kann das Abriggen, und alles auf dem Brett zu behalten, sehr schwierig sein. In diesem Fall sollte man sich vom Rigg trennen und auf dem Brett lospaddeln – aber nur wenn Sie sicher sind, es bis zum Ufer zu schaffen. Ansonsten lässt man das Rigg am Brett, weil es wie ein Treibanker wirkt, das Abtreiben hemmt und für Hilfskräfte besser zu entdecken ist.

Falls man nicht zum Ufer zurücksurfen kann, riggt man ab, um besser zurückpaddeln zu können oder die Ausrüstung leichter in ein Rettungsboot zu hieven.

Notmaßnahmen

Hilfe!

Wenn man mit erfahrenen Windsurfern draußen ist, kann ein Rigg an einem anderen Rigg befestigt werden. Das Brett allein lässt sich leichter zurückpaddeln oder abschleppen. Diese Technik ist nicht einfach und wird nur von erfahrenen Surfern oder Lehrern angewandt.

Der Schmetterling

Wenn der Wind nachlässt, kann man das Rigg mit dem Gabelbaum quer aufs Brett legen und darunter zurückpaddeln.

Bei leichtem Wind oder Flaute löst man das Rigg, legt sich in den Gabelbaum auf das Brett und paddelt ans Ufer.

Ein erfahrener Windsurfer kann Ihr Rigg an seinem Rigg befestigen, so dass man, nur mit dem Brett, leichter zurückpaddeln kann.

Surfen ohne Finne

Ein Board fährt ohne Finne nur im Kreis, deshalb lässt sich ein Brett mit gebrochener Finne kaum steuern. Man kann kurze Entfernungen zurücklegen, wenn man das Brett leicht auf die Kante stellt. Falls man nicht zu schnell surft, könnte man es damit zurück zum Ufer schaffen.

Abschleppen

Der beste Weg zurück ans Ufer ist in einem Rettungsboot. Aber falls es aus irgendeinem Grund nicht alarmiert ist, kann man mit Hilfe eines anderen Surfers zurückkommen. Am besten schleppt man ein Brett nicht hinterher, sondern in Luv und längs am fahrenden Surfbrett.

Auch ohne Rettungsboot kann ein Windsurfer einem anderen mit Abschleppen helfen. In rauen Bedingungen ist dies schwierig, hat aber schon so manchen Surfer gerettet.

Das erste Mal auf dem Wasser

Nach all diesen Vorbereitungen wird es Zeit, windsurfen zu gehen! Nehmen Sie sich Zeit, um sich mit dem Brett vertraut zu machen. Stellen Sie sich in seichtem Wasser darauf, gehen Sie auf dem Brett herum, fühlen Sie, wie es auf Ihr Körpergewicht reagiert.

Segel aufholen

Zu den Spielregeln gehört es einfach, nass zu werden; entspannen Sie sich, versuchen Sie nicht krampfhaft, auf dem Board und damit trocken zu bleiben. Probieren Sie alles aus, was Ihnen einfällt, bevor Sie aufsteigen, um das Rigg hochzuziehen.

1

***Schritt 1** Das Brett liegt seitwärts zum Wind und das Rigg auf der windabgewandten Seite (Lee). Legen Sie beide Hände aufs Brett, so dass der Mast dazwischen liegt. Springen Sie mit den Knien aufs Brett, das Körpergewicht gleichmäßig zwischen den Armen balanciert. Sobald Sie stabil sind, gehen Sie gegenüber des Segels, das immer noch vom Wind abgewandt liegen sollte, in die Hocke, greifen Sie die Aufholleine (Startschot) mit der Hand, die näher am Bug liegt, das gibt Stabilität.*

2

***Schritt 2** Mit der Aufholleine in beiden Händen und den Füßen etwa schulterbreit auseinander – auf beiden Seiten des Mastfußes – können Sie beginnen, das Segel hochzuziehen. Benützen Sie dazu nicht Ihre Arme; lieber lehnen Sie sich mit gebeugten Beinen zurück und nützen die Kraft Ihrer Beine und Ihr Körpergewicht, statt des Beckens und der Arme.*

3

***Schritt 3** Wenn das Segel aus dem Wasser kommt, können Sie vorsichtig aufstehen, halten Sie Ihren Rücken gerade, den Kopf ebenfalls, und strecken Sie Ihre Beine eher, als mit den Armen zu ziehen. Es geht leichter, wenn Sie das Rigg Richtung Bug ziehen (oder Richtung Heck, je nachdem, in welcher Richtung es liegt). Versuchen Sie lieber einen Bogen zu beschreiben, als das Rigg gerade aus dem Wasser zu wuchten. Indem man den Mast mehr nach vorne und oben zieht, kommt das Segel leichter aus dem Wasser und in den Wind.*

4

***Schritt 4** Ist das Rigg komplett aus dem Wasser, verringert sich dessen Gewicht – nicht weiter zurücklehnen. Bleiben Sie im Gleichgewicht, wobei das Rigg eine Seite eines »V« bildet und Ihr Körper die andere. Die Füße sollten auf der Mittellinie des Bretts stehen, die Fersen leicht auf der windzugewandten Seite. Das Rigg sollte frei sein, aber nicht senkrecht. Sie benötigen Platz zwischen sich und dem Rigg, und das Brett sollte im 90-Grad-Winkel zum Wind liegen, das Ende des Gabelbaums außerhalb des Wassers.*

Schlechte Technik: Der Po ist raus, der Kopf nach unten und der Rücken gebeugt. Dies belastet unnötig den Rücken.

Aufholen aus schwierigen Positionen

Die perfekte Lage des Bretts zum Aufholen besteht im 90-Grad-Winkel zum Wind, und das Rigg liegt auf der windabgewandten Seite, was jedoch je nach Wind- und Welleneinfluss nicht immer der Fall ist. Fällt das Rigg auf die »falsche« Seite des Bretts oder der Wind fängt sich im Segel und dreht damit das Brett, sollte man so schnell wie möglich wieder die sichere Standard-Position einnehmen.

Schritt 1 *Der Wind bläst über das Rigg, drückt es unter Wasser und das Brett liegt in der falschen Richtung. Also macht es keinen Sinn, das Segel aufholen zu wollen. Richten Sie Brett und Rigg so aus, dass sich der Druck im Segel verringert, bevor Sie es ganz aufholen.*

Schritt 2 *Lehnen Sie sich gerade so weit zurück, dass das Rigg leicht aus dem Wasser kommt und der Mast frei wird. Üben Sie Druck auf den hinteren Fuß aus, indem Sie Ihr Gewicht auf das hintere Bein verlagern, und versuchen Sie, das Heck wegzudrücken. Dann abwarten! Der Wind bläst nun ins Segel und wird das Brett drehen. Noch nicht aufholen – selbst wenn das Segel hochkommt. Halten Sie das Rigg am Heck des Bretts, um die Drehung zu unterstützen. Das vordere Bein ist gebeugt, der Rücken gerade.*

Schritt 3 *Sie merken, wann Sie sich in einer guten Startposition befinden, weil sich das Rigg dann leicht anfühlt. Ignorieren Sie, dass sich das Brett in den Wind dreht. Das ändert sich von selbst, wenn das Segel hochkommt. Schaut das Brett in den Wind, kommt das Rigg leichter aus dem Wasser. Sobald das Rigg aus dem Wasser kommt, verteilen Sie Ihr Gewicht wieder gleichmäßig auf beide Beine. Ziehen Sie nie einfach das Rigg hoch aus dem Wasser.*

1

2

3

Schritt 1 Konzentrieren Sie sich mehr auf eine stabile Körperposition als auf das Rigg. Falls das Brett nicht im 90-Grad-Winkel zum Wind oder zum Segel bleibt, während es vollständig aus dem Wasser ist, dann lehnen Sie es entweder zu weit zum Bug oder zum Heck. Um den Bug vom Wind weg zu drehen, ziehen Sie das Rigg in Richtung Bug, um den Bug in den Wind zu drehen, ziehen Sie das Rigg Richtung Heck. Ihr Körper sollte immer zum Rigg schauen und die Füße auf beiden Seiten des Mastes stehen.

Schritt 2 Greifen Sie mit der vorderen Hand zum Gabelbaum, nahe am Mast. Setzen Sie dazu vorher den vorderen Fuß an den Mastfuß, so dass er Richtung Bug deutet. (Die vordere Hand und der vordere Fuß – dieser Begriff ist vielen Windsurfern bekannt – bedeuten Hand oder Fuß, die sich näher am Bug befinden.) Das Brett sollte im 90-Grad-Winkel zum Wind liegen, das Rigg befindet sich genau im Wind. Lassen Sie sich Zeit in dieser Position, bleiben Sie ruhig.

Schritt 3 Ziehen Sie mit der vorderen Hand das Rigg an Ihrem Körper vorbei Richtung Bug. Das Rigg sollte weit genug von Ihrer Brust entfernt sein und weit genug nach oben gezogen, dass der Mast in einer Linie mit dem Bug steht. Die hintere Hand kann nun den Gabelbaum erreichen. Wenn man das Rigg am Körper vorbei zieht, knickt man nicht mehr in der Hüfte ein, und man kann mit der hinteren Hand zum Gabelbaum greifen. Greifen Sie entschlossen zu und halten Sie mit der vorderen Hand gut fest, damit das Rigg aufrecht bleibt.

Schritt 4 Liegt die hintere Hand auf dem Gabelbaum, holen Sie das Segel »dicht«, indem Sie die hintere Hand anziehen und die hintere Schulter vom Rigg wegdrehen. So wird sich das Segel mit Wind füllen und das Brett wird anfahren.

Versuchen Sie sich zu entspannen und sich leicht nach hinten gegen den Zug des Riggs zu lehnen. Halten Sie immer ausreichend Abstand zwischen Ihrem Kopf und dem Rigg.

Anfahren

Ein guter Start hängt stark von der richtigen Körperposition ab. Ihr Körper ist nach vorne ausgerichtet, die Hände liegen in Schulterbreite auf dem Gabelbaum. Der vordere Arm ist gestreckt, der hintere leicht gebeugt, um das Segel dichtzuholen oder aufzufieren (zum Körper hinziehen oder locker lassen). Der Körper steht aufrecht, mit dem Kopf gerade und den Hüften nach innen. Das Rigg steht nahezu senkrecht und bildet ein »V« zwischen dem Surfer und dem Mast und Mastfuß. In dieser Position fühlt man am besten den Wind im Segel und kann auf dem Brett balancieren. Generell wird bei leichtem Wind der Mast leicht nach Lee (windabgewandte Seite) über die Brettmittellinie gehalten, und wenn der Wind zunimmt, stärker senkrecht. Bei starkem Wind wird das Segel auf die windzugewandte Seite (nach Luv) gezogen, wenn der Surfer am Gabelbaum »hängt«.

Die korrekte Körperhaltung: Man schaut nach vorne in Fahrtrichtung, das Rigg steht aufrecht, so dass Mast und Windsurfer eine »V«-Position bilden.

Die Power-Kontrolle

Die Power des Riggs wird über das Dichtholen oder Auffieren gesteuert – das Schothorn wird zum Wind oder vom Wind weg bewegt. Stellen Sie sich das Rigg als Tür vor. Wenn die Tür offen ist und im Wind steht wie eine Flagge, liefert es keinen Vortrieb. Wenn die Tür geschlossen wird – mit anderen Worten, der Gabelbaum wird näher zum Brett gezogen – kommt das Segel in den Wind, und es erhöht sich die Kraft und somit der Vortrieb.

Beim Windsurfen hält die vordere Hand den Mast senkrecht und die hintere Hand bedient den Gaszug, sie bestimmt die Position des Gabelbaums, um Power zu liefern. Das Brett reagiert leichter und benötigt weniger Kraft, wenn es bereits fährt, also sollte man so weit dichtholen, dass man genügend Geschwindigkeit erreicht. Möchte man langsamer werden oder es kommen Windböen und die Kraft im Segel wird zu groß, kann die hintere Hand leicht nachgeben – 15 bis 60 cm reichen meist, um die überflüssige Power abzulassen.

Ist das Segel dichtgeholt, lehnen Sie sich ruhig mit gestreckten Armen und Ihrem Körpergewicht gegen den Zug des Segel weg vom Rigg – vor allem mit der hinteren Schulter, die vom Rigg weg in den Wind gerichtet ist, um dem Zug des Segels zu widerstehen. Es hilft auch, den Körper nach unten und außen zu beugen.

So hält man das Rigg

Um mehr Kraft ausüben zu können und das Rigg besser zu kontrollieren, können die Hände am Gabelbaum nach hinten Richtung Schothorn wandern. Dies erleichtert die Kontrolle bei Böen im Segel, und man kann das Segel leichter dichthalten, ein wichtiger Punkt, um beim Windsurfen dazuzulernen. Das »Dichtholen« ist eine nahezu kontinuierliche Bewegung, während man dem Segelzug entgegenarbeitet. Auf dem Wasser ist der hintere Arm normalerweise stärker gebeugt als der vordere, damit das Rigg auch wirklich dicht ist und Vortrieb entwickelt.

Später lernt man, besser zu beschleunigen und sein Brett und Rigg auch bei stärkerem Wind und größerem Speed zu kontrollieren (siehe Fortgeschrittenen-Technik ab Seite 34), aber in diesem Stadium sollte man eine Segelgröße wählen, die man noch gut kontrollieren und das Dichtholen mit der hinteren Hand üben kann.

Die ersten Manöver

Wie eine Jolle oder eine Yacht kann ein Windsurfer in unterschiedlichen Winkeln zum Wind segeln. Aber während der Auftrieb einer Yacht Fehler verzeiht und das Rigg feststeht, muss ein Windsurfer immer wieder sein Rigg ausbalancieren und trimmen, wenn er den Kurs wechselt. Die meisten surfen oft auf dem gleichen Revier nur hin und her, aber begeisterte Windsurfer sind auf unterschiedlichen Kursen unterwegs, die immer wieder eine neue Haltung für den jeweiligen Kurs erfordern.

Beim Windsurfen ändert man die Körperhaltung ständig je nach Kursänderung des Bretts. Das wird nach und nach zur Selbstverständlichkeit, doch vor dem Stadium des fortgeschrittenen Surfers sollte man über die Bedingungen, in denen man unterwegs ist, Bescheid wissen und die Kräfte von Wind und Wellen verstehen, die auf Brett und Rigg einwirken (siehe »Wie ein Segel funktioniert« auf Seite 39).

Die Brettsteuerung

Um geschickt über das Wasser surfen zu können, muss man die dynamischen Gesetze verstehen, denen das Board unterliegt. Das Brett reagiert darauf, wo man steht, aber es reagiert auch auf verschiedene Riggpositionen unterschiedlich. Will man den Kurs ändern, verändert man die Position des Riggs zum Brett. Um dies zu erreichen, neigt man das Rigg, über der Längsachse des Boards, nach hinten oder vorne. In Wirklichkeit bedarf es nur kleiner Korrekturen am Rigg anstatt großer Bewegungen. Je besser man wird, desto feiner fallen diese Korrekturen aus. Nehmen Sie sich ruhig Zeit, um Ihr Brett auch richtig zu »erfahren«. Man kann beispielsweise die Geschwindigkeit ändern, indem man die Fahrtrichtung ändert. Vom Wind weg zu fahren (abfallen) beschleunigt das Board. Zum Wind zu fahren (anluven) verlangsamt das Brett.

Alle Bretter können eng und sauber gedreht werden, wenn sowohl Körper- wie Rigghaltung stimmen (oben).

Beim Windsurfen ist es wichtig, den Kurs ändern zu können, um Geschwindigkeit und Fahrtrichtung des Bretts zu kontrollieren (rechts).

FIBERSPAR
BiC

Abfallen oder raumschots (vom Wind weg) surfen.

Anluven oder Höhe laufen (zum Wind surfen).

Abfallen

Abfallen oder vom Wind weg fahren (raumschots) erhöht das Windvolumen im Segel und erhöht somit dessen Power. Dies benützt man, um wieder in Fahrt zu kommen, wenn man zu sehr »in den Wind« gefahren ist, oder um zu beschleunigen, wenn das Brett beim Höhelaufen zu langsam geworden ist. Neigt man das Rigg Richtung Bug, wird es vom Wind weg drehen oder »abfallen«, wie es in der Fachsprache heißt.

Drücken Sie in einer stabilen Position die vordere Hand am Gabelbaum Richtung Bug und holen Sie mit der hinteren Hand dicht – als ob Sie an einem Fahrradlenker ziehen. Sie sollten ein wenig in Luv von der Längsachse des Bretts stehen, das Gewicht leicht auf das hintere Bein verlagert, um nicht vom verstärkten Zug des Segels nach vorne gezogen zu werden. Haben Sie das Brett auf den gewünschten Kurs gebracht, stellen Sie das Rigg wieder aufrecht und fahren weiter geradeaus.

Anluven

Anluven oder Höhe laufen (zum Wind hin) verringert die Kraft im Segel und macht das Board langsamer. Benützen Sie das Anluven als Bremse – sehr nützlich, wenn das Brett zu schnell wird. Auch bekannt als »Höhe laufen« oder »Höhe ziehen« funktioniert Anluven, indem man das Rigg über der Mittellinie nach hinten Richtung Heck neigt und den hinteren Fuß stärker belastet, um die Drehung des Bretts zu verstärken. Anluven geht sehr viel leichter als Abfallen, eigentlich so leicht, dass es sogar unbewusst passiert. Ein Windsurfer kann nicht härter an den Wind segeln als ungefähr 45 Grad, also luvt man nur an, um einen neuen Kurs einzuschlagen. Luvt man ununterbrochen an, steht man irgendwann bewegungslos genau in der Windrichtung. Deshalb ist es wichtig, nachdem das Board seine Richtung ein wenig geändert hat, in normaler Riggposition weiterzusurfen.

Luvt das Board zu stark an, muss man das Rigg besser kontrollieren. Legen Sie die hintere Hand mehr in Richtung Heck, so weit Sie können. Aus dieser Position strecken Sie den vorderen Arm und neigen das Rigg Richtung Bug.

Manchmal dreht das Brett nur widerwillig, dann sollte man alle Impulse aus einer tieferen Position ausüben. In die Knie zu gehen macht Sie nicht nur stabiler und verhindert, dass Sie nach vorne gezogen werden, sondern bringt automatisch mehr Druck auf den vorderen Fuß, den man am besten direkt an den Mastfuß setzt. Drückt man nun stark mit den Zehen, wird das Brett vom Wind weggeschoben. Durch das Dichtholen und Neigen des Riggs Richtung Bug füllt sich das Segel mit Wind und der Druckpunkt wandert nach vorne. So bewegt sich der Bug schnell aus dem Wind. Wandert das Rigg nach vorne, gehen Sie nicht mit. Liegt das Brett auf dem neuen Kurs, stabilisieren Sie Ihre Position und halten das Rigg wieder stärker senkrecht.

Zu starkes Anluven vermeiden

Zu stark in den Wind zu fahren ist ein häufiger – und frustrierender – Fehler, abgesehen davon, dass es stark abbremst. Meist kann man es nicht mehr vermeiden, dass der Wind auf einmal aus der »falschen« Richtung ins Segel drückt. Lässt man ein Surfboard ohne aktive Steuerung, wird es immer anluven. Wenn man weiß, wie man mit dieser »Luvgierigkeit« umgeht, kann man sie leichter vermeiden.

■ Je näher der Mastfuß am Schwert sitzt, desto drehfreudiger ist das Brett und wird umso schneller in den Wind drehen. Besitzen Sie eine Mastschiene oder einen verstellbaren Mastfuß, bleiben Sie damit in der mittleren Stellung; luvt das Brett weiterhin an, rutschen Sie den Fuß ein wenig nach vorne.

■ Fährt man mit Schwert, luvt das Board bei zunehmendem Wind stärker an. Sind Sie bei böigen Winden über 3 Beaufort unterwegs, klappen Sie das Schwert ein, damit das Brett nicht mehr in den Wind dreht.

Die Luv-Falle

Eine typische Situation während des Anluvens entsteht, wenn das Board fast genau in den Wind zeigt. So bleibt, wie in einer Falle, wenig Platz, um das Rigg zu bewegen, da der Gabelbaum sehr nahe am Körper steht. Holt man das Rigg dicht, wird das Brett noch stärker anluven. Dann wird man unvermeidbar schnell weiterdrehen, dann stehen bleiben, und der Wind drückt von der falschen Seite ins Segel.

Position auf dem Board

Ihre Position auf dem Board beeinflusst erheblich den Trimm. Es gibt keine vorgeschriebene Stellung, aber Sie werden schnell spüren, wenn das Brett schlecht getrimmt ist, und Sie werden lernen – durch Trial and Error –, wie man seine Füße korrekt platziert, um eine stabile Position einzunehmen.

Wenn Sie lernen, das Segel aufzuholen und anzufahren, stellen Sie beide Füße auf die Längsachse, jeweils links und rechts vom Mast. Diese Fußposition ist ideal, um das Rigg hochzuziehen und auszubalancieren. Wenn das Brett jedoch anfährt, muss man einen stabilen Stand einnehmen, um der Kraft des Riggs widerstehen zu können.

Stehen die Füße parallel quer zum Brett, verlagert man das Gewicht von den Zehen zu den Fersen. Dadurch verstärkt man die Kipp-Tendenz des Bretts. Dies stellt eine schlechte Position dar, und man wird nach vorne gezogen, wenn eine Bö einfällt. Oder man kippt nach hinten, wenn der Wind plötzlich nachlässt.

Schaukeln

Auch ein großes Brett wie ein Longboard sollte immer möglichst flach auf dem Wasser liegen. Auf- und Abschaukeln hilft weder der Kontrolle noch Ihrem eigenen Stand. Fährt das Brett langsam, sollten Sie Ihre Füße nahe an den Mastfuß stellen. Beschleunigt das Brett, verlagern Sie am besten Ihr Körpergewicht nach hinten, um dem Zug des Riggs entgegenzuarbeiten und zu verhindern, dass der Bug eintaucht. Sonst wird das Board blockiert und das Rigg zieht Sie nach vorne.

Stellt man die Füße parallel längs aufs Brett, links und rechts der Mittellinie, verstärkt man das Kippen, da man immer das Gewicht von einem auf das andere Bein verlagert, wenn das Brett unruhig wird.

Schaukeln und Kippen vermeiden

Nehmen Sie eine einfache Grundstellung ein, der vordere Fuß zeigt Richtung Bug, die Ferse des hinteren Fußes zeigt zum Wind. Der vordere Fuß hilft, das Brett flach aufs Wasser zu drücken, die Hüfte wird dadurch leicht geöffnet, so dass man sich leichter nach hinten und außen lehnen kann, wenn das Brett beschleunigt. Der hintere Fuß verhindert das Kippen und kann schnell nach hinten gesetzt werden, um eine Bö aufzufangen. Experimentieren Sie mit der Fußstellung. Kleine Ausflüge auf dem Board werden schnell Positionen zeigen, die keinesfalls funktionieren, und Ihnen ein Gefühl vermitteln, wie das Brett auf Gewichtsdruck reagiert.

Um das Kippen und Schaukeln in Griff zu bekommen, stellen Sie den vorderen Fuß leicht nach Luv, in Richtung Bug und nahe an den Mastfuß. Der hintere Fuß steht auf der Längsachse, die Ferse deutet zum Wind hin.

Wie ein Segel funktioniert

Vortrieb

Wenn Wind auf ein Segel trifft, teilt sich der Luftstrom und strömt auf beiden Seiten des Segels entlang. Auf der Leeseite beschleunigt der Luftstrom über der Wölbung des Segels, was eine Verminderung des Luftdrucks bewirkt. Auf der Luvseite entsteht ein Bereich mit höherem Luftdruck, der gegen den niedrigeren Luftdruck drückt, wodurch Kraft im Segel entsteht. Die Kraft wird durch die Form des Segels in Vortrieb umgewandelt, das durch den Druckunterschied auf beiden Seiten nach vorne gesogen wird.

Diese Antriebskraft vom Segel wird über den Mastfuß auf das Board übertragen. Die Unterseite des Bretts und Finne und Schwert verursachen einen lateralen Widerstand, der das Board davon abhält, seitlich abzutreiben, und zwingen es dazu, vorwärts zu fahren.

Einsatz des Körpergewichts

Bei starkem Wind lernt ein Windsurfer, seine Körpermasse als Gegengewicht zur Windkraft im Segel einzusetzen. Der Segelzug kann auf Dauer sehr ermüden, und deshalb benutzen Windsurfer ein Trapez, um der Erschöpfung entgegenzuwirken und das Rigg besser kontrollieren zu können. Damit hängt man sich an den am Gabelbaum fixierten Tampen ein und steuert die Segelpower, indem man sich vor- oder zurücklehnt.

Segeldruckpunkt

Jedes Segel besitzt einen so genannten »Druckpunkt«, ein theoretischer Punkt im Segel, an dem sich alle Kraft konzentriert. Dieser liegt normalerweise in der Mitte des Segels ungefähr in Kopfhöhe. Der Segeldruckpunkt ist mit dem »Lateralpunkt« des Bretts ausbalanciert, der ungefähr in der Mitte des Boards liegt und um den sich das Brett dreht. Bei Leichtwind funktioniert die Boardsteuerung über die Neigung des Riggs. Lehnt man es nach vorne, liegt der Segeldruckpunkt vor dem Lateralpunkt. So wird der Bug vom Wind weggedrückt. Neigt man das Rigg nach hinten, so dass der Druckpunkt hinter dem Lateralpunkt liegt, erzeugt man den gegenteiligen Effekt. Das Heck wird vom Wind weggedrückt und der Bug dreht in den Wind. Dies kann man mit schwächeren oder stärkeren Bewegungen steuern, je nachdem, wie stark man das Board drehen möchte.

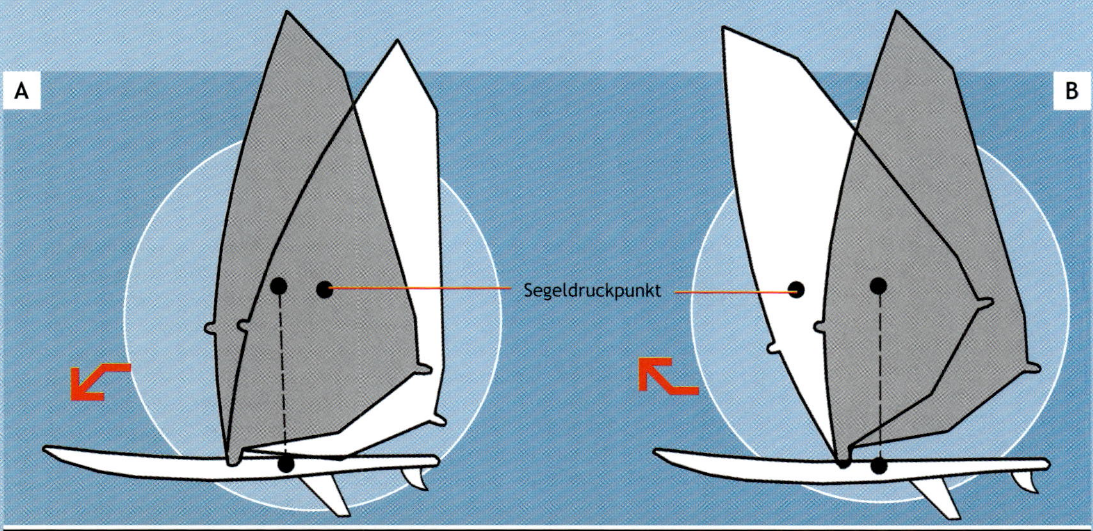

***A** Neigt man das Rigg zum Heck, wandert der Segeldruckpunkt nach hinten und veranlasst das Brett, in den Wind zu drehen.*

***B** Neigt man das Rigg Richtung Bug, bewegt sich der Segeldruckpunkt nach vorne und dreht das Brett weg vom Wind.*

Umdrehen

Kann man auf dem Brett stehen und anfahren, sollte man natürlich wissen, wie man umdreht. Das Brett kann entweder in oder vom Wind weg gedreht werden, und das sollte man auch während der ersten Stunden auf dem Brett unbedingt üben. Es ist sehr wichtig, dass man dies beherrscht. Also sollte man es lieber in sicherem flachem Wasser ausprobieren als kurz vor dem Horizont.

Die grundlegende Art ein Brett zu drehen – mit dem an der Startschot hochgezogenen Rigg – ist ein wichtiges Anfangsmanöver, wird aber hauptsächlich benutzt, um das Board vor dem Start auszurichten. Wenden (siehe Seite 46) und Halsen (siehe Seite 50) benutzt man, um das Brett in der Fahrt zu drehen, während man den Gabelbaum hält.

Manöver zum Drehen

Es gibt grundsätzlich zwei Methoden, das Brett zu drehen: eine Wende, bei der das Rigg über das Heck des Boards dreht, und eine Halse, bei der das Rigg über den Bug dreht. Der einzige Zweck, das Brett zu drehen, besteht darin, auf einem bestimmten Kurs an den Ausgangspunkt zurücksurfen zu können. Die einfachsten Methoden, das Brett zu drehen, sind die Schot-Wende und die Schot-Halse, im Grunde die gleiche Technik. Ob man nun in den Wind oder vom Wind weg dreht, ist abhängig vom neuen Kurs, den man einschlagen möchte, oder davon, welche Hindernisse man vermeiden möchte.

Als Windsurfer muss man unbedingt umdrehen können. Mit der richtigen Erfahrung wird dies zu einer flotten und aufregenden Bewegung. Doch bevor man mit High Speed die Kurve kratzen kann, muss man die Grundlagen lernen.

Aus der normalen Startposition – angenommen, man möchte um 180 Grad drehen und den gleichen Weg zurücksurfen – beginnt man, indem man die hintere Hand vom Gabelbaum nimmt und das Rigg nach Lee drehen lässt. Nun hält man den Mast oder die Startschot (Aufholleine) mit beiden Händen, steht mit dem Mast zwischen den Füßen und schwingt das Rigg in Richtung Bug (für die Halse) oder Richtung Heck (für die Wende), wobei man das Gabelbaum-Ende immer aus dem Wasser hält.

Wenn man das Rigg schwingt, wird es sich zum Brett neigen und sich darüber hinwegbewegen. Das Rigg muss dabei entschlossen bewegt werden – das Schwingen ist am ehesten mit der Bewegung eines Baseballschlägers zu vergleichen, den man langsam schwingt. Halten Sie das Rigg schön vor sich, dabei die Schot gut festhalten und die Bewegung nicht zu hastig ausführen. Ist das Rigg über den Bug (Halse) oder das Heck (Wende) geschwungen, drehen Sie das Brett weiter, bis es im 90-Grad-Winkel zum Wind liegt und man auf der neuen Seite wieder starten kann.

Auf dem neuen Bug anfahren funktioniert genauso, wie zuvor geübt, außer dass sich nun die andere Hand vorne befindet. Die so genannte vordere Hand liegt immer am Mast (oder am Gabelbaum nahe am Mast), wenn man anfährt.

Um 180 Grad drehen

Wenn man das Brett um 180 Grad vom Wind weg dreht, müssen sich natürlich die Füße auf dem Board bewegen, wenn man das Rigg herumschwingt. Während des ganzen Manövers befinden sich die Beine um den Mastfuß gespreizt, die Fersen zeigen zum Wind, ebenso der Rücken, und die Körperfrontseite zeigt zum Mast.

Um eine gute stabile Position beizubehalten, unternimmt man mehrere kleine Schritte, während sich das Brett dreht. Wichtig: Immer weiter bewegen, wenn das Rigg über das Brett schwingt – sonst wird man vom Segel heruntergestoßen.

Schritt 1 *Lassen Sie das Segel frei hängen, wenn das Board langsamer geworden ist. Nehmen Sie beide Hände an den Mast (oder die Startschot). Nun sollten Sie das Rigg schwingen, so dass es sich zum Bug des Bretts bewegt.*

Schritt 2 *Mit dieser schwingenden Bewegung bringen Sie das Rigg über den Bug und in den Wind. Die Knie sollten leicht gebeugt sein, um eine stabilere Position einzunehmen und damit Sie nicht in der Hüfte abknicken. Der Körper gleicht den Zug des Riggs aus.*

Schritt 3 *Wenn sich das Brett dreht, gehen Sie mit kleinen Schritten um den Mast, so dass der Körper immer zum Mast deutet. Während das Rigg über das Brett dreht, befindet sich der Mastfuß zwischen Ihren Füßen und Ihre Fersen befinden sich immer ein wenig in Luv von der Längsachse.*

Schritt 4 *Während Sie das Rigg weiterschwingen, können Sie mit der Bewegung Ihrer Füße die Drehung des Bretts verstärken. Drehen Sie das Board so lange, bis Sie auf dem anderen Bug sind. Nun haben Sie erfolgreich um 180 Grad gedreht.*

Bei der Schot-Wende, wie bei der Schot-Halse, wird das Rigg über das Brett geschwungen, um es zu drehen. Bei der Schot-Wende wandert der Gabelbaum dagegen über das Heck.

Es gibt viele Gründe, warum man stürzt oder vom Brett gestoßen wird. Das passiert jedem. Versuchen Sie, dabei nicht auf dem Brett oder dem Segel zu landen, um Verletzungen oder Beschädigungen des Materials zu vermeiden.

Die Schot-Wende

Die Schot-Wende ist das Gegenstück zur Schot-Halse (siehe Seite 41), bei der das Rigg über das Heck geschwungen wird. Diese Methode ist sicherer und hilft vor allem, wieder Höhe zu gewinnen, wenn man bereits abgetrieben wurde.

Die Fußbewegung

Die meisten Windsurfer bewegen ihre Füße nicht schnell genug, wenn sich das Brett dreht. Sie sollten Ihre Füße auf dem Brett in winzigen Schritten bewegen, während sich das Rigg dreht. Tun Sie das nicht, schubst Sie der harte Mast vom Brett. Um dies zu vermeiden, *immer in Bewegung bleiben!*

Wichtige Punkte

■ **Das Rigg** Je härter man am Wind segelt, desto dichter steht das Rigg am Brett. Dies bedeutet, dass sich das Gabelbaumende näher am Boardheck befindet. Fällt man ab, mit dem Rigg weiter vor dem Körper, dreht das Rigg immer weiter nach außen.

■ **Körper und Füße** Je härter man am Wind segelt, desto stärker sind Körper und Füße quer zum Brett positioniert. Fällt man ab, deuten Körper und Füße stärker nach vorne, parallel zur Boardlängsachse.

Bretter mit Schwert

Surfbretter mit Schwert besitzen größeren lateralen Widerstand, das Board ist leichter manövrierbar und dreht schneller. Bei leichten Winden – vor allem wenn man Höhe läuft – sollte man das Schwert ganz ausklappen. Wenn man sich an stärkere Brisen gewöhnt hat und schneller fährt, kann das Schwert ganz eingeklappt werden. Das Schwert sollte nie auf halber Höhe ausgeklappt sein.

Surfer-Ausdrücke

■ **Reißverschluss** Schläge auf Halbwindkurs. Mit anderen Worten: Vom Strand quer zum Wind hinausfahren, umdrehen und zum Ausgangspunkt zurücksurfen.

■ **Höhe ziehen** Ziemlich hart am Wind oder in den Wind surfen. Dies macht man meist mit ausgeklapptem Schwert, und man versucht, Höhe zu gewinnen – meistens auf dem Rückweg zum Strand, nachdem man abgetrieben wurde.

■ **Heizen** Raumschots (weg vom Wind) surfen, mit eingeklapptem Schwert (siehe Seite 43). Dabei fährt das Brett am schnellsten.

1. Höhe laufen Dieser Ausdruck bedeutet, dass man im 45-Grad-Winkel zum Wind surft, der Wind kommt über die vordere Schulter. Das Rigg sollte dabei nach hinten geneigt sein, der Gabelbaum dichtgeholt, so dass das Gabelbaumende fast über dem Boardheck steht. Körper und Füße sind quer zur Längsachse positioniert, die Fersen stehen etwas in Luv. Damit das Brett nicht abdriftet, ist das Schwert komplett ausgeklappt.

2. Am-Wind-Kurs Das Brett fährt leicht zum Wind, rund 60 bis 45 Grad zum wahren Wind, der schräg auf die vordere Schulter bläst. Das Rigg ist weiter ausgestellt, der Mast steht aufrechter als beim Höhelaufen. Der vordere Fuß deutet nun stärker in Richtung Bug, damit das Brett nicht zu stark in den Wind dreht.

3. Halbwind-Kurs Das Brett fährt im 90-Grad-Winkel zum Wind, der Mast steht senkrecht, das Rigg relativ dichtgeholt. Mit dem Rücken zum Wind lehnt man sich nach hinten und balanciert den Zug des Riggs aus, der Körper neigt sich nach außen. Der vordere Fuß zeigt Richtung Bug, die Hüften und Schultern stehen etwa im 30-Grad-Winkel zur Längsachse. Wird das Brett schneller und will immer in den Wind drehen, das Schwert einklappen.

4. Raumschots Der Wind bläst über die hintere Schulter und über das Brett zum Bug. Der Kurs ist etwa 120 Grad zum wahren Wind – Füße, Hüften und Schultern sind geöffnet und zeigen Richtung Bug. Um der Windkraft entgegenzuarbeiten, eher nach hinten außen als nur nach außen lehnen. Das Rigg ist weiter ausgestellt, und das Brett wird beschleunigt. Wird das Brett schneller, das Gewicht leicht nach hinten verlagern, damit der Bug nicht eintaucht. Dieser Kurs funktioniert ebenfalls besser mit eingeklapptem Schwert.

5. Vorwind-Kurs Der Wind bläst längs Richtung Bug über das Board, das Rigg ist weit ausgestellt und im 90-Grad-Winkel zur Längsachse und verdeckt den Bug. Die Kraft des Riggs wirkt dabei eher entlang des Mastverlaufs als seitlich zum Brett. Um dem Zug des Segels standhalten zu können, den Körper zum Bug ausrichten. Beachten Sie, wie beide Füße Richtung Bug deuten und links und rechts der Längsachse stehen, um das kipplige Brett auszubalancieren. Die Füße setzt man vor und zurück, um das Schwanken des Boards auszugleichen. In leichtem Wind und in Wellen ist der Vorwindkurs sehr wackelig. Vorwindkurs ist der instabilste Kurs beim Windsurfen.

Die stabile Haltung

Windsurfen ist viel leichter, wenn man eine balancierte, kontrollierte und entspannte Haltung auf dem Brett einnimmt, vor allem, wenn man sich in härtere Bedingungen wagt.

Wie in jeder Sportart sieht es bei Könnern leicht und einfach aus, weil sie nicht »gegen« die Bedingungen arbeiten – sie arbeiten mit den Bedingungen, um die gewünschten Resultate zu erzielen. Warum ziehen, wenn man sich einfach nach hinten lehnen kann? Warum

So funktioniert's

- **HÄNDE** Die Hände sollten entspannt und schulter breit den Gabelbaum halten.
- **SCHULTERN** Die Schultern nach vorne ausrichten, die Arme entspannen.
- **KOPF** Der Kopf deutet nach vorne über den Bug.
- **HÜFTE** Die Hüfte ist gestreckt, nicht abgeknickt.
- **FÜSSE** Die Füße stehen hinter dem Mast, leicht in Luv von der Längsachse, der vordere Fuß zeigt Richtung Bug.

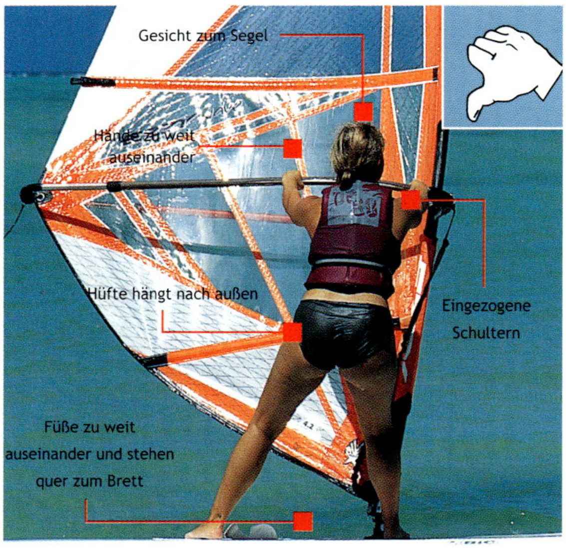

Diese typische Anfängerhaltung macht das Rigg »schwer«, ist instabil in Böen, das Brett wird kippelig und schwer zu manövrieren.

Mit etwas Übung wird man sich eine Haltung angewöhnen, in der das Rigg leichter und stabiler erscheint und besser zu kontrollieren und zu steuern ist.

drücken, wenn man sich einfach dagegenlehnen kann? Das Ergebnis ist das gleiche, kostet aber nur halb so viel Kraft.

Hände

Ihre Hände sind die direkte Verbindung zum Rigg und sie sollten empfänglich für Veränderungen des Riggs und der Windrichtung sein. Um Kraft zu sparen und eine entspannte Haltung zu ermöglichen, sollten Sie Ihre Hände eher wie »Haken« benützen, anstatt den Holm zu umklammern. Dazu sind die Hände nicht ganz geschlossen, die Handgelenke tiefer als der Holm. Dies verhindert Blasen und verringert die Belastung der Unterarme.

Griff

Man wird feststellen, dass ein Obergriff der hinteren Hand angenehmer ist und mehr Kontrolle bringt. Die Haltung der vorderen Hand kann variieren, viele Surfer benutzen gerne den Untergriff. Sie sollten jedoch während des Lernens den Untergriff vermeiden, weil man dadurch eher den Ellenbogen beugt und somit den Oberkörper zu nahe ans Rigg bringt. Benützt man den Obergriff, bleibt der Arm gestreckt und die Haltung entspannter.

Ein breite Griffposition am Gabelbaum im Gorilla-Stil bringt den Oberkörper zu dicht an das Rigg, so dass man bei plötzlich einfallenden Böen nicht mehr ausgleichen kann. Ein zu enger Griff erschwert die Kontrolle des Riggs, wenn das Brett den Kurs ändert oder plötzlich beschleunigt.

Die ideale Position der Hände ist in etwa in Schulterbreite. Um mit Winddrehungen und Böen zurechtzukommen, muss man immer wieder am Gabelbaum umgreifen (je stärker der Wind, desto weiter hinten am Holm greift man). Vermeiden Sie es, immer in der gleichen Haltung verharren zu wollen. Variieren Sie die Position beider Hände am Gabelbaum, um eine ausgeglichene Haltung zu finden – in der Sie immer dichtholen können –, und lehnen Sie sich zurück gegen den Zug des Segels.

Eine entspannte Haltung mit gestreckten Armen ist die einzige Position, die lange Zeit angenehm bleibt. Beugt man die Arme, werden diese schnell ermüden, und man verwendet unnötig Muskelkraft statt Technik, um das Rigg in Griff zu haben.

Arme

Beim Dichtholen nur die Arme zu beugen ist ein häufig vorkommender Fehler. Besser ist es, sich vom Rigg wegzulehnen und das eigene Körpergewicht einzusetzen, anstatt mit reiner Muskelkraft dem Zug des Segels entgegenzuarbeiten. Während man sich zurücklehnt und die hintere Schulter nach unten und hinten dreht, holt man das Segel dicht. Natürlich wird sich der hintere Arm bei dieser Bewegung leicht beugen, aber der nach außen gelehnte Oberkörper und die hintere Schulter verrichten die meiste Arbeit.

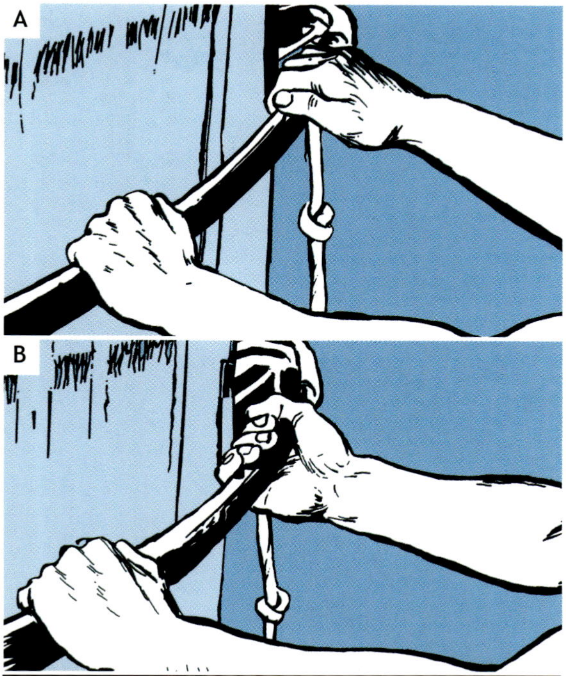

Die hintere Hand sollte immer im Obergriff sein, die vordere (Segel-)Hand kann zwischen Ober- und Untergriff wechseln.

Hüfte

Die Hüfte verkörpert den eigenen Schwerpunkt und beeinflusst am stärksten die Haltung. Streckt man die Hüfte durch, wandern die Schultern nach außen und sorgen für eine gerade, aufgerichtete Körperhaltung. Fällt eine starke Bö ein, verlagert man die Hüfte und das Körpergewicht nach unten, um dem starken Segelzug entgegenzuwirken.

Beine

Mit den Beinen drückt man gegen das Brett und gleichzeitig den Körper nach oben durch. Sind die Beine relativ stark durchgedrückt, werden die Kräfte des Riggs direkt zum Board übertragen, so dass es gut Kurs hält und in Böen beschleunigt. Das vordere Bein sollte entspannt, aber gestreckt sein; das hintere leicht gebeugt, damit man den Zug des Riggs und die Schläge der welligen Wasseroberfläche abfangen kann.

Wenden

Diese Drehung um 180 Grad ist ein Grundmanöver des Windsurfens. Die Wende ist die stabilste Art, das Brett zu drehen, und man verliert keine Höhe bei diesem Manöver.

Mit größeren Brettern ist es relativ einfach zu wenden, man sollte an der Konstanz und der Geschwindigkeit seiner Wenden arbeiten. Mit fortschreitendem Können im Windsurfen wird man auf kleineren Brettern bei stärkerem Wind surfen, dann wird alles instabiler, und man hat weniger Zeit, so dass Geschwindigkeit und Timing entscheidend werden.

Die Grundlagen einer Wende bestehen darin, mit dem Brett in den Wind zu steuern und, wenn der Bug durch den Wind geht, auf die andere neue Seite zu steigen. Während der Wende setzt man Gabelbaum und Mast so ein, dass man zu Beginn und Ende des Manövers immer Druck im Segel hat, um die Wende schneller zu machen.

Anfahrt

Um eine kontrollierte Wende zu fahren, muss man zum einen eine stabile Position einnehmen, mit der man das Brett ohne Anstrengung in den Wind steuern kann. Zum anderen muss man das Rigg so nach hinten neigen können, dass man ungehindert vorne um den Mast gehen kann, wenn das Brett im Wind steht. Leider wird man als Anfänger bei diesem Manöver nervös und ungeduldig, so dass man oft vergisst, das Rigg weiter schräg geneigt zu halten. Man will zu früh um den Mast, und die Wende wird schon auf einem Am-Wind-Kurs begonnen. Dies bremst jedoch die Drehbewegung des Bretts und macht es instabil, also sollten Sie Ihre bisherigen Kenntnisse einsetzen und so weit wie möglich in den Wind fahren. Erst dann beginnt man mit der Wende.

Indem man das Segel zum Heck des Bretts neigt und sich selber um den Mast bewegt, kann man das Board um 180 Grad drehen und wieder in die Richtung surfen, aus der man kam.

Einleitung

Während des Anluvens legt man die vordere Hand vom Gabelbaum an den Mast unterhalb des Gabelbaums, ohne ansonsten seine Haltung zu verändern. Würde man bereits mit einem Trapez fahren können, wäre dies der Zeitpunkt, sich auszuhängen. Neigen Sie das Rigg zum Heck, ungefähr über der Längsachse. Stellen Sie sich das Rigg als Metronom vor: Dies wäre der erste Ausschlag.

Versuchen Sie, das Rigg so stark nach hinten zu neigen wie möglich, ohne dass der Gabelbaum das Wasser berührt. Dabei sollte das Gewicht auf dem hinteren Fuß liegen. Haben Sie dies alles korrekt ausgeführt, wird sich das Brett drehen. Wenn Sie in dieser Stellung verharren, würde das Brett in den Wind drehen und Sie würden heruntergestoßen, also bereiten Sie sich darauf vor, um den Mast zu gehen.

Während das Brett anluvt, setzen Sie den vorderen Fuß vor den Mastfuß. Dies sollte am besten in einer flüssigen Bewegung geschehen: Segel zurückneigen, Gewicht auf den hinteren Fuß und der Schritt mit dem vorderen Fuß. Die Beine sollten gespreizt sein, der hintere Fuß gibt Druck auf das Heck. Je stärker der Druck auf dem hinteren Bein und je extremer die Riggneigung, desto schneller wird sich das Brett drehen.

Nach ein paar Versuchen werden Sie sehen, dass das Brett langsamer wird, kurz bevor es im Wind steht. Bevor das Board durch den Wind geht, rutschen Sie den hinteren Fuß ein wenig nach vorne, so dass die Füße nur noch schulterbreit auseinander sind. Dabei aber weiter das Rigg nach hinten neigen. Formulieren Sie im Kopf: »Rigg nach hinten, Körper nach vorne«. Das geneigte Rigg lässt das Brett weiterdrehen. Ihre Bewegung nach vorne sorgt für den Ausgleich der Riggbewegung und bereitet die letzte Phase vor, bevor man um den Mast geht.

Der Schritt

Wenn man im Wind steht, wird das Rigg leicht, und man kann den Gabelbaum sehr leicht über das Heck ziehen. Warten Sie möglichst so lange mit dem Schritt um den Mast, bis das Dreh-Moment den Bug des Bretts wirklich durch den Wind bewegt hat. Das Timing dieses letzten Schritts ist absolut entscheidend. Setzt man ihn zu früh an, hört das Brett auf zu drehen. Erfolgt er zu spät, drückt auf einmal der Wind von der anderen Seite gegen das Segel. Wenn das Board in den Wind dreht, sollte der vordere Fuß sicher vor dem Mastfuß und in Luv davon platziert sein. Achten Sie darauf, das Rigg nach hinten zu neigen und vor allem gut festzuhalten. Jetzt auf keinen Fall das Rigg loslassen!

Leiten Sie die Wende ein, indem Sie anluven und das Brett dann weiter in den Wind steuern.

Halten Sie mit der vorderen Hand den Mast und neigen dann das Segel nach hinten zum Heck.

Die Drehung

Um nicht nach hinten vom Brett geblasen zu werden, wenn Sie im Wind stehen, nehmen Sie eine stabile Position ein, indem Sie den vorderen Fuß vorsichtig nach vorne rutschen, vor den Mastfuß.

Damit bringen Sie Ihren Körper nach vorne, aber das *Rigg muss immer nach hinten geneigt bleiben,* damit Sie genügend Platz haben, um den Mast zu gehen. Kaum deutet der Bug auf den neuen Kurs, kommt das Rigg an den Körper und das Segel drückt gegen das Schienbein. Das ist der richtige Zeitpunkt, um um den geneigten Mast herumzugehen.

Um den Bug durch den Wind zu drücken und gleichzeitig nach vorne zu gehen, sollten Sie den Schritt flott und entschlossen ausführen. Sobald der Fuß vor dem Mastfuß steht, drehen Sie auf dem Fußballen. Beim Festhalten des Riggs nicht in der Hüfte einknicken, während Sie um den Mast gehen. Um dies zu vermeiden, leicht in die Knie gehen und den Kopf aufrecht halten.

Hände und Füße

Während des Schritts und der Drehung sollten die Griffwechsel so einfach wie möglich ablaufen. Deshalb am besten mit der vorderen Hand den Mast festhalten, die Segelhand lösen und den Gabelbaum auf der anderen Seite wieder greifen (nahe der Mastklemmung für die beste Hebelwirkung). Der Körper steht aufrecht, aber das Rigg ist weiter nach hinten geneigt, mit genügend Abstand zur Brust, so dass Platz für den Griffwechsel bleibt. Man kann auch mit der neuen vorderen Hand den Mast statt des Gabelbaums greifen – wenn auch der Griff zum Gabelbaumholm die nötigen Bewegungen verringert und eine bessere Kontrolle erlaubt. Probieren Sie aus, wie Sie am besten zurechtkommen. Egal wie, sobald die »neue« vordere Hand alles in Griff hat, lassen Sie mit der »alten« Hand den Mast los und beenden die Bewegung.

Nicht zögern während der Bewegung. Denken Sie daran, den neuen vorderen Fuß Richtung Bug zeigen zu lassen, indem Sie auf dem Ballen drehen. Der Körper sollte immer über dem Brett bleiben. Konzentrieren Sie sich nun darauf, das Rigg nach vorne zu ziehen, aber weg von der Brust zu lassen.

Während das Rigg nach hinten geneigt ist, gehen Sie mit dem Fuß und dem Körper nach vorne.

Dreht das Brett durch den Wind, nehmen Sie den hinteren Fuß nach vorne, das Rigg bleibt immer weg vom Körper.

Um die Wende abzuschließen, neigen Sie den Mast wieder nach vorne und gehen mit dem Körper zurück.

Auf dem neuen Bug nehmen Sie die normale Fahrposition ein und fahren an.

Anfahren

Um die Wende abzuschließen, müssen Sie Körper- und Riggposition wieder gegenläufig steuern. Zu Beginn der Wende ist das Rigg nach hinten, der Körper nach vorne geneigt.

Nach der Drehung (siehe Seite 48) wird das Rigg nach vorne geneigt und der Körper wandert nach hinten. Das Rigg ist aus seiner Schrägneigung zum Heck nach vorne zum Bug gewandert, während der Surfer von einer Neigung nach vorne am Mast zurück Richtung Heck gegangen ist.

So läuft es ab ...

■ Der erste Schritt besteht darin, mit dem vorderen Arm das Rigg kräftig und entschlossen Richtung Bug zu bewegen, ungefähr über der Längsachse des Boards.

■ Gleichzeitig darauf achten, den hinteren Fuß entlang der Längsachse nach hinten zu setzen.

■ Die hintere Hand greift den Gabelbaum relativ weit hinten, holt aber *noch nicht* dicht.

■ *Abwarten,* bis das Rigg ganz vorne ist, und den Körper nach unten verlagern – am besten sogar unter Gabelbaumhöhe, indem man das hintere Bein stark beugt – dann dichtholen und losfahren. Bis diese Schritte alle klappen, muss man einfach ein wenig üben.

Mach die 7!

Gewöhnen Sie sich eine Haltung an, die das Brett immer gut in Fahrt hält und eine schnelle Reaktion auf Windveränderungen erlaubt. Mit fortschreitendem Können werden Sie Details in der Haltung bemerken und können diese ändern. Als Anfänger können Sie die Haltung auch mit dem Rigg an Land üben. Stellen Sie sich eine entspannte Haltung vor, die aussieht wie die Zahl 7.

Halsen

Im Gegensatz zu einer Wende bleibt während der Halse der Körper in seiner Position und das Rigg wird über den Bug des Bretts gedreht. Beim Halsen, genau wie beim Wenden, dreht das Board letztendlich um 180 Grad, aber bei der Halse fällt das Brett ab.

Dieses Manöver kann man mit ein- oder ausgeklapptem Schwert fahren, doch mit ausgeklapptem Schwert wird das Brett nur drehen, wenn man starken Druck auf die Außenkante (die Kante zum Wind) gibt. Mit eingeklapptem Schwert dreht das Brett nicht so eng, aber die Kontrolle und die Einleitung fallen speziell bei schwachem Wind leichter.

Das Schwert

■ **Ausgeklappt** So wird der Drehradius kleiner, erfordert aber kontinuierlichen Druck auf die Außenkante. Bei starkem Wind wird die Halse schwieriger, da das Brett dann eher zum Kentern neigt.

■ **Eingeklappt** Dies erhöht bei stärkerem Wind die Stabilität und die Kontrolle und erlaubt eine leichtere Drehung mit flach liegendem Brett.

Die Einleitung

Vor der Halse fällt man mit dem Brett ab. So steuert man bereits den ersten Teil des Manövers, um die Stabilität zu erhöhen. Damit man nicht von der stärker werdenden Segelkraft nach vorne gezogen wird, die beim Abfallen entsteht, verlagern Sie Ihr Gewicht nach hinten. Üben Sie über die Zehen und Ballen starken Druck über den vorderen Fuß aus, der knapp hinter dem Mastfuß platziert sein sollte. Um die Drehung zu unterstützen, das Rigg über der Längsachse leicht nach vorne Richtung Bug neigen (dies funktioniert am besten, wenn der vordere Arm gerade bleibt und die hintere Hand das Rigg weiter dichthält, damit Druck im Segel bleibt). Öffnet man das Rigg, wird der Wind von der falschen Seite ins Segel drücken und der Mast wird in den Wind oder zum Heck kippen.

Während das Brett abfällt, sollte man den Körper leicht Richtung Bug drehen. Verrutschen Sie die Füße, bis sie beide frontal stehen, Kopf und Hüfte direkt über der Längsachse. Fällt das Board weiter ab, in kleinen Schritten Richtung Heck bewegen. Je weiter nach hinten man geht, desto schneller und enger wird das Brett drehen. Um den Segeldruck aufrechtzuerhalten, das Rigg immer vor sich halten.

Schritt 1 *Um die Halse einzuleiten, fällt man ab.*

Schritt 2 *Während das Board abfällt, in die Knie und nach hinten gehen.*

Schritt 3 Um die Drehung zu verstärken, kann man das Rigg zur Außenseite der Kurve neigen.

Schritt 4 Dreht das Brett auf den neuen Bug, muss man das Segel schiften (rotieren).

Schritt 5 Nach der Segeldrehung ergreift man mit der neuen vorderen Hand den Mast.

Schritt 6 Zum Anfahren den Mast nach vorne ziehen und dichtholen.

Drehen

Um das Brett zu drehen, neigt man das Rigg nach vorne und zum Wind hin. Je stärker man es Richtung Wind (zur Außenseite der »Kurve«) neigt, desto schneller wird sich das Board drehen. Um die Kontrolle zu behalten, mit der hinteren Hand gut dichthalten, so dass der Gabelbaum parallel zum Körper steht und das Schothorn sich etwa in Kopfhöhe befindet. Dies wird durch einen sehr weiten Griff am Gabelbaum erleichtert. In Windböen kann das Rigg erhebliche Kraft entwickeln, halten Sie deshalb immer die Knie leicht gebeugt, als ob Sie auf einem imaginären Stuhl sitzen, damit Sie nicht nach vorne gezogen werden und weiterhin die Drehung unterstützen.

Um die Geschwindigkeit in der Kurve zu erhöhen und das Board vom Wind wegzudrücken, sollten Sie stärkeren Druck über den Fuß auf der Außenkante (der Fuß am Außenradius der Kurve) ausüben. Das fühlt sich an wie eine verkehrt gebaute Steilkurve, man denkt, dass man nach außen aus der Kurve kippt. Während man das Rigg nach außen aus der Kurve neigt, muss man mit dem Körpergewicht dagegen arbeiten, um nicht nach vorne über das Segel gezogen zu werden. Hat man die Füße gut in der Mitte platziert und lehnt sich mit gebeugten Knien nach hinten, wird die Gefahr eines Sturzes vermindert. Verliert man das Gleichgewicht während der Halse, schnell die Füße verrutschen, um sich zu stabilisieren. Experimentieren Sie ruhig mit der Gewichtsverlagerung und den Fußpositionen, um schneller zu lernen.

Die Drehung unterstützen

Weil man das Brett um 180 Grad drehen möchte, darf man das Rigg nicht rotieren, bevor das Board in die neue Richtung zeigt. Warten Sie, bis Sie wieder in die Richtung sehen, aus der Sie kamen, bevor Sie die Halse abschließen.

Damit das Brett auch kontinuierlich weiterdreht, nachdem es durch den Wind ist, den Mast weiter nach außen neigen und mit dem hinteren Fuß Druck auf die Außenkante geben. Wird der Zug am Gabelbaumende stärker, ist dies ein sicheres Zeichen, dass das Board durch den Wind gedreht hat und sich nun auf dem neuen Bug befindet. Damit das Brett weiter dreht, mit der hinteren Hand das Rigg weiter aufmachen. Jetzt wird die Kraft zunehmen, also nach unten und hinten lehnen. Hat das Brett durch den Wind gedreht, halten Sie das Rigg weg vom Körper und nehmen Sie den neuen vorderen Fuß nach vorne. So wird Ihre Position stabiler, und das Heck sinkt nicht weiter ab.

Mit fortschreitender Praxis im Windsurfen wird man mit Speed halsen können, man benötigt dazu viel Balance und gutes Timing.

Die Rigg-Drehung

Halten Sie das Rigg so lange, bis es fast wieder in die Richtung zeigt, aus der Sie kamen. Man surft ein paar Sekunden mit dem »Schothorn voraus«, bevor man shiftet. Shiftet man das Segel zu früh, wird der Mast nach hinten Richtung Heck fallen. Sobald die hintere Hand den Gabelbaum freigibt, sollte sie an den Mast (unterhalb des Gabelbaums) oder auf die »neue« (andere) Seite des Gabelbaums platziert werden, je nachdem, was einem leichter fällt. Dieser Griffwechsel macht unsicher, achten Sie deshalb auf eine tiefe Körperposition und halten Sie das Rigg weg vom Körper, um eine ausbalancierte Position zu erhalten. Stehen Sie stabil und halten Sie Hüfte und Körper immer über dem Brett. Weil das Segel während des Shiftens erhebliche Kraft entwickelt, muss man mit der neuen vorderen Hand entschlossen zugreifen. Mit dem Körper in ausreichender Entfernung zum Mast fällt es leichter, den Mast aufrecht zu halten.

Das Rigg wieder greifen

Wenn das Rigg herumschwingt, sollte man eine stabile Haltung einnehmen, um es wieder zu greifen. Wenn sich der Mast aufrichtet, nicht nach außen lehnen oder erwarten, dass das Rigg Halt gibt – das tut es genau nicht. Nicht nach außen lehnen, um das Rigg zu holen. Tief bleiben, den Mast nach vorne drücken und erst dichtholen und den Körper zum Rigg bewegen, wenn der Gabelbaum horizontal steht.

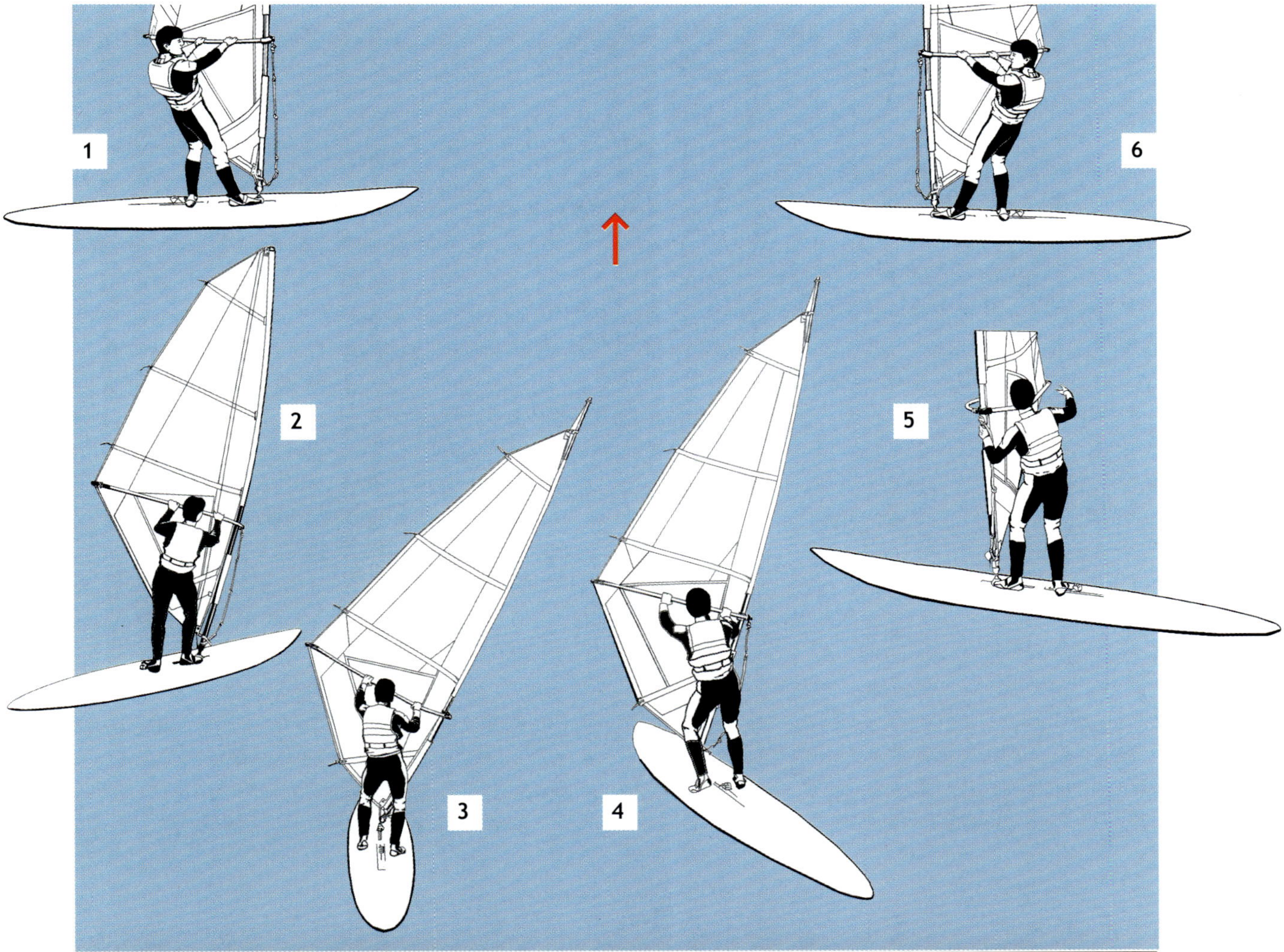

Indem man das Segel nach vorne und außen neigt, dreht das Brett weg vom Wind. Dann lässt man das Rigg frei, rotiert es über den Bug und holt auf dem neuen Kurs dicht, um wieder anzufahren.

Der Aufstieg

Hat man die Grundtechniken gemeistert, um auf dem Brett zu bleiben, kann man sich anspruchsvolleren und aufregenderen Aufgaben widmen, wie Tempo, Kontrolle, Steuerung und Surfen mit dem Trapez.

Kontrolle der Geschwindigkeit

Die Beschleunigung eines Surfboards von null bis zum Maximum ist bei zunehmender Windgeschwindigkeit eine Metamorphose von Brett und Surfer – dies spürt man, wenn man aus Verdrängerfahrt (das Wasser muss wie bei einem Boot verdrängt werden) ins Gleiten kommt (wie ein Wasserski, der über die Wasseroberfläche rutscht). Die meisten Surfer kommen bei 10 bis 12 Knoten (4 Windstärken) an diese Schwelle, wenn das Board vom Schwimmen in eine Geschwindigkeit gerät, die man Gleitzustand nennt, und bei Böen leicht weiter beschleunigt. Die Haltung auf dem Brett, mit der man das aufrechte Rigg bei leichten Winden bändigte, funktioniert nicht mehr, wenn man bei stärkerem Wind ins Gleiten kommen will.

Um bei stärkerem Wind zurechtzukommen, muss man sich auf Folgendes konzentrieren: bessere Kontrolle des Riggs, sich richtig ins Trapez zu hängen und ein kräftig ziehendes Segel zu halten. Als direktes Ergebnis dieser »Fortschritte« wird das Board schneller werden. Sobald ein Brett ins Gleiten kommt, ändern sich die Gesetzmäßigkeiten. Nimmt der Wind zu, zieht das Rigg heftiger und das Brett hebt sich aus dem Wasser. Um diese Beschleunigung zu beherrschen, muss der Körper auf dem Brett weiter nach hinten wandern. Versucht man bei leichtem Wind nach hinten zu gehen, sinkt das Heck ab. Bei Speed dagegen verträgt sogar ein dünnes Heck den dicksten Surfer.

Gleitfahrt *Die Kombination aus einem gepowerten Segel und Dichtholen verwandelt die Windkraft in eine Turbo-Beschleunigung. Dadurch kann man auf dem Brett nach hinten gehen und eine stabilere Haltung einnehmen. Beide Füße können rund 30 bis 45 Zentimeter nach hinten wandern und leicht nach außen zum Wind versetzt werden. Dieser Positionswechsel gleicht die Kräfte des Segels aus und lässt das Board freier gleiten. Dies ist deutlich daran zu erkennen, dass der Bug sich aus dem Wasser hebt und die Heckwelle in einer Linie mit der Mastspur verläuft.*

Verdrängerfahrt *In langsamer Fahrt ist das Rigg leicht ausgestellt und der Körper steht aufrecht. Das ganze Körpergewicht belastet über die Beine das Brett. Bleibt man in dieser Haltung und der Wind nimmt zu, kann man der Kraft des Riggs kaum widerstehen, das erheblichen Zug auf die Arme ausübt und nach vorne zerrt.*

Zurück zur Kontrolle

Es gibt drei Hauptgründe, auf dem Brett nach hinten zu gehen, wenn es beschleunigt.

- Eine Position näher am Heck reduziert die Neigung des Bretts, mit dem Bug einzutauchen, was zu einem Schleudersturz führen kann.
- Die Verlagerung nach hinten bildet ein Gegengewicht zur zunehmenden Segelpower, während das Board beschleunigt.
- Das Zurückgehen erleichtert es, das Rigg dichtzuholen und nach hinten zu ziehen, um es halten zu können und im Gleiten zu bleiben.

Kopf und Schultern

Den Kopf und die Schultern nach außen zu bringen ist genau so wichtig, wie die Füße nach hinten zu bewegen. Damit wird das Segel durch das Körpergewicht dichtgeholt und die Kraft über die Beine aufs Board übertragen. Befindet sich der Kopf senkrecht über den Füßen, ist die Hebelwirkung geringer, und das Körpergewicht wird das Brett bremsen, so dass es nicht ins Gleiten kommt.

Wann und wie bewegt man sich nach hinten?

Die Grundregel lautet, nach hinten zu gehen, während das Brett beschleunigt. Je höher der Speed, desto weiter nach hinten kann man. Eine plötzliche Verlagerung lässt das Brett schnell in den Wind drehen, also sollte man sich entschlossen, aber allmählich nach hinten begeben.

Als Einleitung lehnt man die Hüfte nach außen zur Windseite des Hecks. Würde man aufrecht einfach nach hinten gehen, würde das Rigg auffieren und das Heck durch das Abbremsen absinken. Um sich zu stabilisieren, unternehmen Sie nur einen kleinen Schritt Richtung Heck, den Fuß dabei fast nach vorne zeigend aufsetzen. Dann abwarten, was passiert. Dann den Körper über den hinteren Fuß schieben, als ob Sie sich mit den Beinen in ein tiefes Sofa hineindrücken. Das Körpergewicht sollte kaum noch auf dem vorderen Fuß zu spüren sein. Jetzt auch den vorderen Fuß leicht zurückziehen, in die Nähe des hinteren. Hebt man den vorderen Fuß zu lange hoch, ruht das ganze Gewicht auf dem hinteren – so dass das Brett anluvt – also rutschen Sie ihn langsam zurück. Steht der vordere Fuß sicher, vergrößern Sie Ihre Schrittweite, indem Sie mit dem hinteren Fuß nach hinten rutschen, bis Sie eine angenehme Haltung haben. Als Richtlinie gilt: Der vordere Fuß steht in etwa dort, wo der hintere Fuß stand (in langsamer Fahrt).

Wenn die Füße weiter Richtung Heck stehen und der Kopf und die Schultern nach hinten außen gelehnt sind, lässt sich das Rigg leichter dichtholen und man kontrolliert das Board besser.

Warum luvt das Brett immer an?

Gehen Sie nie nach hinten, bevor Sie nicht das sichere Gefühl haben, dass das Brett angleitet. Sollte Ihr Segel kleiner sein als das anderer Surfer Ihrer Gewichtsklasse, wird es wahrscheinlich nicht genügend Kraft für Ihr Gewicht und den Antrieb entwickeln. Am besten verhindert man das Anluven, indem man das Rigg gut dichtzieht und das Körpergewicht hinten hält. Dadurch kann der vordere Fuß das Brett kräftig vom Wind wegdrücken. Surfer, die nicht vor der Geschwindigkeit zurückschrecken, haben kaum Probleme mit dem Anluven. Bei einem gewissen Speed genügt geringer Druck über den vorderen Fuß, um das Brett auf Kurs zu halten. Je langsamer man unterwegs ist, desto leichter luvt das Board an. Fällt das Brett nicht ab, während es beschleunigt und Sie nach hinten gehen, stehen Sie vermutlich nicht weit genug hinten und zu weit innen, mit ungenügendem Gewicht auf den Fersen.

Um das Anluven zu vermeiden, das Rigg gut dichthalten und den Körper nahe am Heck halten.

Der Beachstart

Mit dem Beachstart kann man die Schwierigkeiten beim Segelaufholen in der Brandung vermeiden. Warten Sie am besten auf Ebbe oder suchen Sie sich eine möglichst glatte Wasseroberfläche zum Üben. Selbst kleinste Wellen können die Ausrüstung beschädigen, bleiben Sie also außerhalb der Brandungszone in knie- oder oberschenkeltiefem Wasser, wo die Finne nicht den Grund berührt, wenn man aufs Brett steigt. Startet man in tieferem Wasser, benötigt man mehr Wind, um aufs Brett zu kommen. Vergessen Sie nicht, mit eingeklapptem Schwert zu starten, und befolgen Sie die Erläuterungen auf den Seiten 58 bis 59.

Trockenübungen

Um den Beachstart zu üben, können Sie dieses einfache Experiment durchführen: In einem Stuhl sitzend, strecken Sie beide Beine aus. Nun versuchen Sie, aufzustehen. Schwierig? Nun ziehen Sie beide Füße zu sich heran und stehen Sie auf, indem Sie den Kopf über die Füße nach vorne beugen. So einfach ist das, aber genau dieses Problem wird in der Aufregung des Beachstarts immer wieder übersehen.

Ideale Bedingungen für den Beachstart sind ein leicht abfallender Strand und Sideshore-Wind.

Anluven *Um das Brett anluven zu lassen, ziehen Sie mit der vorderen Hand und neigen gleichzeitig mit der hinteren Hand das Rigg. Dies befördert das Rigg zum Heck und zieht gleichzeitig am Mastfuß, so dass sich das Brett in den Wind dreht.*

Abfallen *Damit das Board abfällt, drückt man gegen den Mastfuß, indem man den vorderen Arm streckt. So entsteht Schub auf dem Mastfuß und drückt den Bug weg vom Wind. Um dies zu verstärken, kann man den Gabelbaum anheben und mit der hinteren Hand ein wenig dichtholen. Das erhöht den Segelzug und befördert das Brett schneller aus dem Wind.*

1

Schritt 1 *Gehen Sie mit dem Brett im richtigen Winkel ans Wasser, das Rigg liegt in Lee. Damit das Rigg das Wasser nicht berührt, halten Sie es am Gabelbaum auf Hüfthöhe. Gehen Sie ins Wasser, das Rigg dabei so hoch wie möglich.*

2

Schritt 2 *Stehen Sie in Luv vom Brett, der Gabelbaum liegt dabei auf dem Heck auf. Prüfen Sie die Windrichtung und verlassen Sie den Strand im 90-Grad-Winkel dazu. Der Bug sollte gegen die Wellen deuten. Falls es eine Brandung gibt, sollten Sie sich nie zwischen dem Board und dem Strand befinden.*

3

Schritt 3 *Heben Sie das Rigg an und richten Sie das Brett aus. Sie werden schnell am Zug des Riggs merken, ob Rigg und Brett und Sie sich in der richtigen Position befinden. Sie sollten eher leicht hinter dem Brett als genau daneben stehen.*

4

Schritt 4 *Zum Aufsteigen sollten Sie sich nahe am Heck befinden, aber vergessen Sie nicht: Falls Sie aufs Heck steigen, belasten Sie nur einen Teil des Bretts, das dadurch wie eine Schaukel wirkt. Ohne Vorwärtsbewegung und ohne Druck auf den Mastfuß wird das Heck untergehen und das Brett in den Wind drehen.*

5

Schritt 5 *Richten Sie alle Bewegungen nach vorne aus und halten Sie das Brett möglichst flach. Stellen Sie den vorderen Fuß direkt hinter das Schwert und stemmen Sie das Segel nicht hoch, um das Rigg aufzustellen, denn so wird der Wind dagegen drücken und den Lift unmöglich machen.*

6

Schritt 6 *Ihre Nase sollte sich über Ihren Zehen befinden, wenn Sie das Rigg aufrichten und nach vorne neigen, während Sie den vorderen Arm strecken und mit dem hinteren dichtholen. Dies verursacht eine bogenförmige Bewegung, die das Rigg aufrichtet. Diese bogenförmige Bewegung muss gleichzeitig mit der Bewegung aufs Board erfolgen, wenn der hintere Fuß den Boden verlässt und aufs Brett steigt. Halten Sie den Mast nach vorne und weg vom Wind.*

Konzentrieren Sie sich darauf, Ihren Körper über dem Board tief und nahe am Mastfuß zu halten und strecken Sie die Arme. Versuchen Sie, mit einem Schritt in die Boardmitte zu kommen und eher am Gabelbaum zu hängen, als aufrecht stehend daran zu ziehen. Einmal auf dem Board, sollte man den vorderen Fuß nach vorne zeigend direkt an den Mastfuß stellen und so das Board aufs Wasser drücken.

Das Anlanden

Lassen Sie sich Zeit und Platz – etwa 10 bis 15 Meter –, um sich aufs Anlanden vorzubereiten, und werden Sie langsamer! Dabei kann die Finne den Grund berühren, stellen Sie also sicher, dass Sie absteigen, wenn das Wasser noch tief genug ist (etwa hüfttief).

An den Strand fahren

Je schneller Sie surfen, desto härter am Wind sollten Sie an den Strand fahren. Bläst der Wind direkt auflandig, luven Sie an und halten Sie mit dem Bug nahezu aufs Wasser deutend. In leicht auflandigem, parallel oder leicht ablandigem Wind luven Sie an. Halten Sie das Segel immer leicht dicht, wenn Sie an den Strand fahren, bis das Brett langsamer geworden ist.

Absetzen

Befinden Sie sich in seichtem Gewässer, fieren Sie mit der Segelhand auf und setzen den vorderen Fuß in Höhe des hinteren Fußes auf den Grund. Fährt das Brett noch, nehmen Sie den Fuß langsam herunter und lassen ihn schleifen.

Absteigen

Das Rigg leicht auffieren und das Gewicht an den Gabelbaum hängen, damit der Druck auf den Mastfuß bestehen bleibt. Den Körper über dem Brett halten und das Rigg zum Heck und in den Wind ziehen. Bereiten Sie sich darauf vor, mit dem hinteren Fuß abzusteigen. Nun das Rigg etwas dichtnehmen, mit der hinteren Hand stützt man sich am Gabelbaum ab und verhindert, dass der Mast kippt. Warten Sie nicht zu lange damit, den hinteren Fuß abzusetzen, sonst haut das Brett ab. Beim Absteigen vom Heck sollte das Rigg stark nach hinten über Ihrem Kopf geneigt sein. Halten Sie das Rigg flach, mit beiden Händen am Gabelbaum, damit sich der Wind nicht darin fängt. Warten Sie kurz, um die Position zu stabilisieren, greifen Sie den Gabelbaum in größerem Abstand und halten Sie das Rigg gut mit beiden Händen fest, damit es nicht kippt.

Zurück an Land

Um gut an den Strand zu kommen, halten Sie mit der vorderen Hand den Mast ein Stück oberhalb des Gabelbaums und greifen mit der hinteren das Heck oder die hintere Fußschlaufe. Gehen Sie nun mit dem hochgezogenen Heck an Land. Wenn Sie fast aus dem Wasser sind, drehen Sie Brett und Rigg um den Bug. Drehen Sie sich weiter in den Wind, den Mast weit oben und vor Ihrem Körper. Jetzt sollte der Wind das Rigg umdrehen, was keine Probleme bereitet, wenn Sie es am Mast festhalten. Jetzt sind Brett und Rigg um 180 Grad gedreht und Sie können beides in der Startposition ablegen.

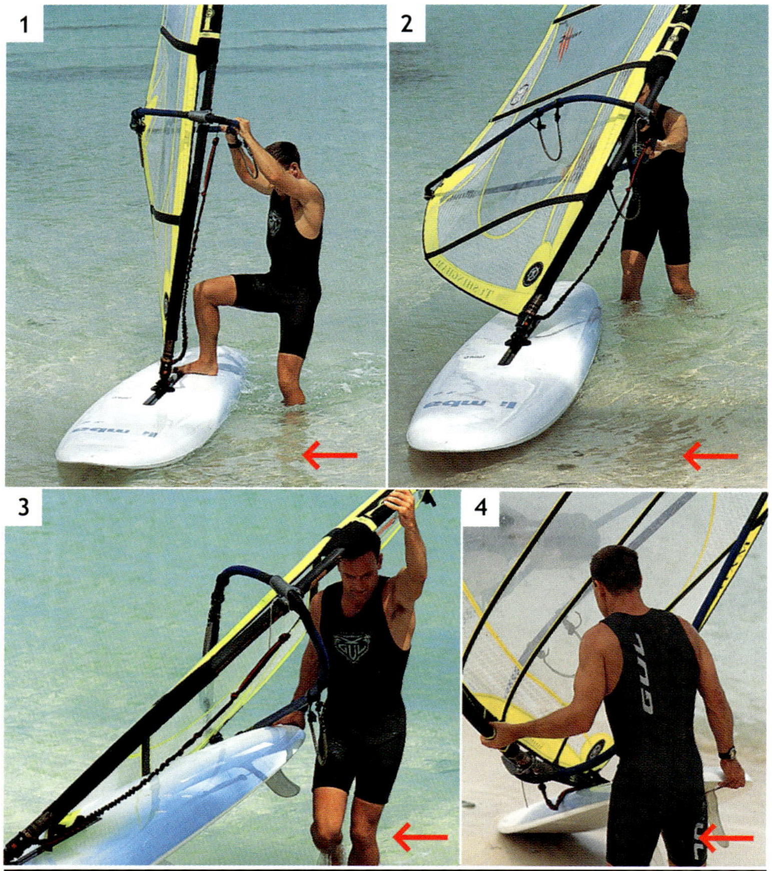

Schritt 1 *Steigen Sie ab, bevor die Finne den Grund berührt.*
Schritt 2 *Halten Sie das Rigg über dem Kopf, die vordere Hand am Mast, die hintere am Brett.*
Schritt 3 *Gehen Sie zum Ufer.*
Schritt 4 *Wenn der Bug an Land ist, drehen Sie das Brett in den Wind, bis das Segel umschlägt.*

Trapez fahren

Mit einem Trapez zu fahren spart nicht nur Kraft für die Arme, sondern führt auch in die Welt des Gleitens und der kleineren Surfbretter. Jeder Surfer sollte das Trapezfahren lernen, wenn er in Wind oberhalb von drei Windstärken (16 km/h) unterwegs ist. Mit einem Trapez kann man nicht nur länger auf dem Wasser bleiben, es hilft auch dichtzuholen und das Rigg nach hinten zu ziehen.

Tampenposition

Benutzt man das Trapez, muss die Position der Tampen entsprechend der Segelgröße und der Windstärke immer wieder neu justiert werden – vor allem, wenn man den gleichen Gabelbaum für verschiedene Segelgrößen verwendet. Nimmt der Wind zu (Tampen weiter nach hinten am Holm) oder ab (Tampen weiter nach vorne am Holm), muss man die Tampen versetzen, um das Rigg gut kontrollieren zu können.

Fehleranalyse

So merkt man, dass die Tampenposition nicht stimmt

Zu weit vorne

- Ein starker Zug auf der hinteren Hand. Verringert man den Zug durch den Arm, hat man das Gefühl, dass die Hüfte zum Brett und nach vorne übers Brett gezogen wird.
- Das Rigg ist kaum zu halten, und man wird ständig nach vorne gezogen: Das Trapez wird nicht stark genug belastet.
- Ein starker Zug auf der hinteren Hand bei Speed oder in Böen.
- Das Segel wird nicht dichtgeholt, wenn man sich ins Trapez zurücklehnt.
- Sie haben Probleme, die Höhe zu halten.

Zu weit hinten

- Das Brett luvt immer an.
- Ihr Körper wird ständig nach innen zum Heck gezogen.
- Ein starker Zug auf der vorderen Hand, obwohl Sie beide Hände am Gabelbaum verrutscht haben.

Position der Trapeztampen

Der Abstand des vorderen Trapeztampens sollte nicht weiter als vom Ellenbogen zu den Fingerspitzen vom Mast entfernt sein.

Je größer das Segel oder je stärker der Segelzug, desto weiter nach hinten müssen die Trapeztampen. Den hinteren Tampen befestigt man eine Handspanne entfernt vom vorderen.

Für Einsteiger auf längeren Boards und mit leichtem Wind sollte der Abstand des Trapeztampens vom Gabelbaum einer Ellenlänge (Ellenbogen bis zur Hand) entsprechen. Mit wachsender Erfahrung – und auf kürzeren Boards – kann man ihn verkürzen bis zum Uhrarmband. (Das Ende des Ellenbogenknochens liegt in der Rundung des Tampens und das Handgelenk ruht auf der Außenseite des Holms.)

Einhängen

1

2

3

Justierung der Trapeztampen

Man kann die Trapeztampen eigentlich nur auf dem Wasser richtig einstellen, denn der Wind draußen unterscheidet sich von dem am Strand. Unterschiedliche Segelarten und Veränderungen beim Aufriggen erfordern es, die Tampen immer wieder leicht zu variieren.

Kann man sich problemlos einhängen, bevor man sich nach hinten lehnt und ins Trapez sinkt, also während man aufrecht und nahe am Mastfuß steht, befinden sich die Trapeztampen zu weit vorne. Surfen Sie mit maximaler Geschwindigkeit, mit dem Rigg nach hinten gezogen und dichtgeholt, ohne sich einzuhängen. Greifen Sie den Gabelbaum dabei schulterbreit und holen Sie dann dicht. So finden Sie den Segeldruckpunkt heraus.

Beobachten Sie den tiefsten Punkt des Trapeztampens im Verhältnis zu Ihrem Trapezhaken, wenn Sie dichtgeholt und das Rigg nach hinten gezogen haben. Die Schlaufe sollte genau vor dem Haken baumeln. Befindet sich der Tampen weit vor dem Haken, und man müsste die Hüften nach vorne zum Mast verdrehen, um sich einhängen zu können, hängen die Tampen zu weit vorne.

Einhängen

Wählen Sie Bedingungen mit gleichmäßigem Wind und genügend Kraft im Segel, um angenehm mit Speed fahren zu können. Bei zu starkem Wind riskieren Sie Schleuderstürze, ist der Wind zu schwach oder das Segel zu klein, entsteht kein Zug im Segel, gegen den Sie sich lehnen können. Das Trapez sollte das ganze Körpergewicht auffangen, mit den Armen steuert man nur noch, statt am Gabelbaum zu hängen.

Schritt 1 *Bei den Übungen sich einzuhängen, lehnen Sie sich so weit wie möglich nach außen. So wird das Rigg geneigt und dichtgeholt, der Trapeztampen kommt nach Luv und zu Ihnen hin. Funktioniert diese Position gut, können Sie sich einhängen.*

Schritt 2 *Nun die Hüfte leicht hochschieben und das Segel mit einer pumpenden Bewegung zu sich heranziehen. So schwingt der Tampen Richtung Haken. Nach ein paar Versuchen können Sie sich sicher einhängen. Dann* ***hinsetzen.*** *Hängen Sie Ihr Gewicht und die Hüften nach unten und außen. Nur wenn genügend Zug auf dem Tampen liegt, wird er nicht wieder herausrutschen.*

Schritt 3 *Gehen Sie auf Abstand zum Holm, setzen Sie sich nach hinten und lassen die Arme locker. Beugen Sie nicht Ihre Arme, sonst fällt der Tampen aus dem Haken. Wenn Sie nicht weit genug nach hinten* ***»sitzen«****, werden Sie bei einer Bö nach vorne über die Füße oder das Rigg geschleudert.*

Trapezfahren

Sind Sie eingehängt, benutzen Sie Ihre Arme dafür, das Rigg dichtzuholen oder aufzufieren, um die Segelkraft zu kontrollieren. Falls das Board anluvt, nehmen Sie das Rigg (leicht) nach vorne. Wenn das Brett zu stark abfällt (was bei Trapezneulingen leicht passiert), neigen Sie das Rigg zurück, um den Kurs zu ändern.

Um eine zu aufrechte Haltung zu vermeiden, müssen Sie regelrecht ins Trapez sinken. Um der Segelkraft entgegenzuwirken und eine stabile Position einzunehmen, sollten die Hüften nach unten und außen wandern, anstatt den Körper nur nach hinten zu lehnen.

Beim Trapezfahren übernehmen die Füße viel mehr Arbeit für die Boardsteuerung. Luvt das Brett an, bleiben Sie eingehängt, lassen sich nach unten sinken und drücken Sie über die Zehen des vorderen Fußes das Brett weg vom Wind. Beschleunigt das Brett zu stark in abfallender Richtung, bringen Sie Gewicht auf die Fersen und üben Druck über den hinteren Fuß aus, um das Brett wieder auf Kurs zu bringen.

Aushängen

Aushängen funktioniert am einfachsten, wenn man noch außen hängt. Würde man sich nach innen lehnen, wird man nach oben gezogen und kann sich schlecht aushängen. Ein kurzer kräftiger Zug am Gabelbaum genügt normalerweise, dass der Tampen nach unten fällt.

Mit einem Trapez kann man viel länger auf dem Wasser bleiben. Die Tampen kann man nur auf dem Wasser optimal einstellen.

Das Trapez sollte immer sicher eingehängt sein.

Besser Trapezfahren

Haben Sie herausgefunden, wie Sie sich ein- und aushängen, und fühlen sich wohl beim Trapezfahren, kann man an der Haltung arbeiten, um das Trapez noch besser für sich arbeiten zu lassen.

Stabilität und Kontrolle erreicht man einfacher, wenn sich das Rigg in der richtigen Position befindet. Man muss sich bewusst ins Trapez legen, damit es für einen arbeitet.

Das Rigg wird nicht richtig dichtgeholt, wenn die Tampen zu weit vorne sind. Diese müssen kurz genug – und auch weit genug hinten sein – damit das Gabelbaumende wirklich zum Heck des Bretts gezogen wird, wenn man sich einhängt. Lehnen Sie sich mit Ihrem Körpergewicht zu weit vorne hinaus, wird es schwierig, zurück über das Brett zu kommen.

Kontrolle des Riggs

Windsurfriggs sind so gebaut, dass sie dichtgeholt am besten arbeiten – der Gabelbaumholm liegt nahezu parallel zur Brettkante, und das Ende des Gabelbaums ist schräg unterhalb der Horizontalen geneigt. Steht das Rigg »offen«, verliert das Brett Balance, Antrieb und Geschwindigkeit, und das Rigg wird instabil.

Denken Sie sich die Trapeztampen als Hebel. Wenn die Segelkraft zunimmt, nimmt der Zug an der hinteren Hand zu. Gleichen Sie das aus, indem Sie die Trapeztampen weiter nach hinten verlagern, um Zug vom Arm zu nehmen, und sinken Sie richtiggehend ins Trapez hinein. Falls Sie mit der Segelhand weit hinter der Tampenbefestigung surfen, befinden sich die Tampen nicht weit genug hinten.

Dichtholen und nach hinten neigen

Bei den ersten Trapez-Erfahrungen glaubt man gerne, dass alles perfekt stimmt, wenn man weit zurückgelehnt ist und der Rücken sogar das Wasser streift. Das muss aber nicht richtig sein! Selbst dabei kann der Körper noch gestreckt sein, das Segel nicht dichtgeholt und das Gewicht nicht komplett vom Trapez getragen werden.

Wenn man die Grenzen nicht erforscht, wird man kaum erfahren, wie weit man wirklich gehen und wie stark man sich ins Trapez legen kann. Man sollte es schaffen, tatsächlich das ganze Körpergewicht im Trapez zu haben.

Fehler und Probleme

Falls das Brett immer anluvt, während man versucht nach hinten zu gehen oder sich ins Trapez zu hängen, liegt zu viel Gewicht auf dem hinteren Fuß. Um das auszugleichen, gehen Sie tiefer und drücken über den vorderen Fuß das Brett weg vom Wind. Dann das Segel dichtholen, den vorderen Arm strecken und mit dem hinteren ziehen, sollte wieder Druck ins Segel bringen.

Um zu beschleunigen, müssen Sie Abstand vom Gabelbaum gewinnen, die Arme strecken und die Füße nach außen auf die Kante stellen, um die Geschwindigkeit zu kontrollieren. Über die Kante des Bretts zu drücken erzeugt einen besseren Hebel und mehr Widerstand. Gleichzeitig sollten die hintere Schulter und die Hüfte nach hinten außen gedreht werden, so dass Schultern und Hüfte parallel zur Brettkante stehen. In dieser Haltung sinkt man richtig tief ins Trapez.

Letzte Feinheiten

Beim Trapezfahren sollten die Hände den Gabelbaum links und rechts nahe den Trapeztampen greifen. Viele Anfänger haben einen sehr weiten Griff – wie Gewichtheber. Dabei entwickelt man aber nicht genügend Gefühl für das Rigg und findet den Balancepunkt nicht. Liegen beide Hände jeweils rechts von den Trapeztampen und man muss mit der hinteren Hand ständig ziehen, oder das Rigg lässt sich nicht dichtholen, befinden sich die Tampen zu weit vorne.

Falls es an der vorderen Hand zieht, versuchen Sie, das Segel noch stärker dichtzuholen. Zieht es immer noch vorne, die Tampen etwas nach vorne verschieben. Scheuen Sie sich nicht, die Hände am Gabelbaum ständig hin und her zu bewegen. Eine leichte Veränderung der Handhaltung kann Schmerzen in den Armen lindern.

Trapezfahren ist ein kontinuierliches Spiel mit dem Trimm. Eine leichte Veränderung der Tampen oder eine Verschiebung des Riggs kann vieles korrigieren. Man findet nicht immer sofort die richtige Position, aber zu verstehen, wie das Trapez wirkt, hilft schon viel. Denn nur mit einem Trapez kann man wirklich stundenlang surfen.

Fußschlaufen

Für erfahrene Surfer sind Fußschlaufen die beste Verbindung zum Board, denn man kann radikale Manöver mit optimalem Kontakt zum Brett fahren. Für relativ gute Surfer bringen Schlaufen bessere Kontrolle und Sicherheit auf dem Brett, gerade beim Gleiten. Um die Fußschlaufen zu benützen, sollte man bei vier und mehr Windstärken das Trapezfahren beherrschen. Kann man bei Speed nicht eingehängt am Ende des Bretts stehen, vermag man die Fußschlaufen nicht richtig zu nützen. Setzen Sie die Schlaufen an die vorderste Position und benützen Sie hinten eine einzige Schlaufe, bis Sie komplett damit vertraut sind.

So kommt man in die Schlaufen

Voraussetzung ist, dass Sie im Trapez eingehängt sind und in Gleitfahrt. Lehnen Sie sich so weit wie möglich nach außen, bevor Sie versuchen, den Fuß in die vordere Schlaufe zu stecken. Steht man auf dem Brett und über der Schlaufe, kommt man nicht hinein, ohne nach unten blicken zu müssen – was dazu führt, dass man automatisch auffiert und das Brett langsamer wird. Hängt man draußen, muss man im Trapez bleiben, und man sieht die Fußschlaufe besser. Kommen Sie schwer in die vordere Schlaufe, haben Sie sich wahrscheinlich aufgerichtet und dabei aufgefiert.

Schritt 1 *Bevor Sie aufs Wasser gehen, müssen Sie die Einstellung der Schlaufen überprüfen. Sie sollten eng genug sein – aber nicht zu eng – um den Fuß fest auf dem Brett halten zu können. Wenn der kleine Zeh auf der anderen Seite herauskommt, passt die Schlaufenhöhe.*

Schritt 2 *Um den vorderen Fuß in die Schlaufen zu rutschen, müssen Sie ihn entlasten und vom Heck nehmen. Steht der hintere Fuß zwischen den hinteren und den vorderen Schlaufen, erleichtert dies die Balance. Rutschen Sie in die Schlaufe, bleiben Sie mit dem Körper außen und lehnen Sie sich kräftig ins Trapez.*

Schritt 3 *Kaum steckt der Fuß in der Schlaufe, strecken Sie das vordere Bein, um das Brett auf Kurs zu stabilisieren. Falls das Rigg weiter dichtgeholt ist (egal ob im Trapez ein- oder ausgehängt), bleibt das Brett auf Kurs. Falls Sie sich aufrichten oder auffieren oder falls Sie hinten hängen, aber keinen Druck auf den vorderen Fuß ausüben, wird das Brett anluven.*

Schritt 4 *Mit dem Fuß in der vorderen Schlaufe surfen Sie weiter und halten den Speed. Versuchen Sie, den hinteren Fuß nahe an der hinteren Schlaufe zu halten. Falls Sie zu früh in die hintere Schlaufe rutschen, wird das Brett langsamer. Sie sollten eingehängt und wirklich gut im Gleiten sein. Fährt das Brett zu schnell, sollten Sie ein wenig anluven, bevor Sie in die hintere Schlaufe rutschen.*

Schritt 5 *Bevor Sie den hinteren Fuß bewegen, sollten Sie ihn entlasten, dabei aber immer außen und tief im Trapez bleiben und das Segel dichtgeholt lassen. Setzen Sie den Fuß nahe an die Schlaufe (niemals darauf), beugen Sie das vordere Knie und rutschen Sie hinein.*

Schritt 6 *Sitzt der Fuß in der Schlaufe, nehmen Sie wieder die Körperposition ganz außen ein, indem Sie die Beine strecken und sich ins Trapez drücken. Stehen Sie erst einmal in beiden Schlaufen, werden Sie mehr Kontrolle in starkem Wind ausüben und können kleinere Boards mit höherer Geschwindigkeit surfen.*

Windsurfen auf Shortboards

Shortboards benützt man bei stärkerem Wind, denn durch ihre kleineren Abmessungen und das geringere Volumen kann man sie viel besser kontrollieren. Sie drehen nicht nur leichter, gleiten schneller und bringen mehr Spaß, sondern erlauben das Windsurfen in abwechslungsreicheren Bedingungen.

Shortboard-Typen

Es gibt unterschiedliche Ausdrücke der Firmen für verschiedene Surfbrett-Typen, doch grundsätzlich gibt es drei Hauptrichtungen:

- Slalomboards fürs Speedheizen auf relativ glattem Wasser,
- Freerideboards werden hauptsächlich für Tricks verwendet,
- Waveboards für Wellenritte und Sprünge bei starkem Wind.

Die meisten Hobbysurfer benützen Slalomboards, weil sie relativ einfach zu fahren und in vielen Bedingungen einzusetzen sind.

Shortboards kommen in verschiedenen Größen, Volumina und Auslegungen, vom Slalom- und Waveboard zum Freestyleboard, vor.

Eigenschaften von Shortboards

Um auf Shortboards zu surfen, benötigt man mehr Übung und Praxis, als man normalerweise auf einem Longboard lernen kann. Sie besitzen kein Schwert – was das Höhehalten schwieriger macht – und benötigen Gleitwind (Windstärke 3 bis 4 und mehr), um ihre Vorteile auszuspielen.

Man kann auch auf Shortboards mit höherem Volumen (120 Liter und mehr) surfen, auf denen sich das Segel aufholen lässt, aber man sollte trotzdem den Wasserstart beherrschen. Der Umstieg auf kleinere Boards war früher ein großer Schritt, doch mit der gewachsenen Auswahl an großvolumigen kurzen Brettern gelingt der Aufstieg viel leichter und einfacher.

Auf dem Wasser

Verglichen mit Longboards sind Shortboards schwieriger zu fahren, sie reagieren schneller und sind schwieriger hoch am Wind zu halten. Dafür bieten sie die Vorteile ihrer höheren Geschwindigkeit, der Manöverfreundlichkeit, und ihre Maße erlauben es, in die aufregenden Dimensionen des Windsurfens vorzustoßen: Highspeed-Kurven, Sprünge und Wellenritte. Selbst wenn man nie zum Shortboard-Profi wird, bereiten diese Boards auch dem Hobbysurfer jede Menge Spaß.

- **Brettvolumen** Wählen Sie immer ein Brett mit ausreichend Volumen, das ein Segelaufholen noch erlaubt (rund 130 Liter für die meisten Surfer über 70 Kilogramm). Erst wenn Sie besser werden, können Sie kleinere Bretter fahren.
- **Fußschlaufen und Mastfuß** Wer noch nicht in den Fußschlaufen fährt, sollte sie an die vorderste Position montieren. Der Mastfuß sollte in der Spur rund 135 – 140 Zentimeter vom Heck entfernt montiert werden.
- **Segelgröße** Wählen Sie am besten eine ähnliche Segelgröße wie Surfer, die Ihrer Größe und Ihrem Gewicht entsprechen. Shortboards brauchen Power.

Durch geringere Größe und geringeres Volumen lassen sich Shortboards bei stärkerem Wind besser kontrollieren.

boards
7
7

Man kann seit einiger Zeit auf kürzeren Beginner Shortboards lernen. Sie besitzen mehr Volumen, und dies – neben der vergrößerten Breite – macht sie stabiler, vor allem bei stärkerem Wind.

Auf dem Wasser

Bei Wellengang oder starkem Wind sind Shortboards sehr kippelig, und das Segelaufholen ist schwierig, daher muss man den Wasserstart beherrschen (siehe Seite 69). Shortboards verzeihen keine miese Haltung, schlechten Gewichts- oder Segeltrimm, und das reduzierte Volumen und die kurze Wasserlinie vermindern die Stabilität, so dass das Brett bremst und bei niedriger Geschwindigkeit sogar untergeht.

Obwohl sich die Art, ein Shortboard zu surfen, von vielem unterscheidet, was bisher in diesem Buch beschrieben wurde, treffen doch einige Grundsätze auch hier zu.

Der einzige echte Unterschied zwischen Short- und Longboards ist die im Vergleich schlechtere Stabilität (längere Bretter sind stabiler), was bedeutet, dass man seine Grundtechniken sehr gut beherrschen sollte, bevor man auf ein Brett mit 130 Liter Volumen oder weniger steigt. Es gibt jedoch mindestens zwei entscheidende Manöver, um das Windsurfen auf Shortboards wirklich zu beherrschen.

Shortboards mit Volumen unter 120 Liter reagieren dynamischer und benötigen mehr Fahrkönnen, dafür sind sie schneller und lassen sich viel leichter auf dem Wassers steuern.

Der Wasserstart

Wenn Sie bei Windstärke 4 und darüber surfen, werden Sie merken, wie wichtig der Wasserstart ist!

Mit dem Wasserstart erspart man sich das mühsame Segelaufholen und er erhöht die Sicherheit und das Vergnügen auf dem Wasser in Starkwindbedingungen. Er ist außerdem praktisch und eine gute Übung auch fürs Surfen auf Longboards bei Starkwind. Zudem ist er absolut notwendig, um auf Shortboards zu surfen (und es zu genießen). Werden Sie immer sicherer beim Wasserstart, wird auch Ihr Selbstvertrauen zunehmen, kleinere Bretter zu benützen und in Bedingungen zu surfen, in denen Sie es zuvor nicht wagten.

Der Wasserstart ist grundsätzlich ein Beachstart aus tiefem Wasser (siehe Seite 57), bei dem man vom Wind hochgezogen wird, anstatt selbst aufs Brett zu steigen. Zur Sicherheit sollte man den Wasserstart in einer Tiefe lernen, in der man noch stehen kann. So lernt man den Bewegungsablauf und kann jederzeit das Board oder das Rigg neu ausrichten. Wasser bis Schulterhöhe ist perfekt. Seien Sie nicht versucht, ein zu kleines Segel zu benutzen, denn Sie brauchen Power, um sich hochziehen zu lassen! Eine eng anliegende Schwimmweste kann auch helfen, vor allem wenn Sie kein guter Schwimmer sind. Erst wenn Sie 100-prozentig fit mit dem Wasserstart sind, sollten Sie auf ein Brett umsteigen, das ein Segelaufholen nicht mehr zulässt.

Schritt 1 *Das Brett liegt im rechten Winkel zum Wind, der Mast zeigt nach hinten zum Heck, das Segel ist frei und kann sich mit Wind füllen.*

Schritt 2 *Der vordere Arm zieht das Rigg über den Kopf zum Wind.*

Schritt 3 *Der Wind im Segel zieht es nach oben, so dass Sie am Rigg hängen.*

Schritt 4 *Sobald sich das Rigg hebt, treten Sie Wasser und liften das Segel weiter über den Kopf. Wenn Sie den Bug vom Wind wegdrücken wollen, drücken Sie mit der vorderen Hand und ziehen mit der hinteren (und umgekehrt), um das Brett in den Wind zu drehen.*

Schritt 5 *Liegt das Brett im rechten Winkel zum Wind, sind Sie bereit. Den hinteren Fuß aufs Brett legen und das Rigg höher drücken.*

Schritt 6 *Wenn Sie das Rigg nach oben und vorne bewegen, fängt das Segel mehr Wind und wird Sie nach oben aufs Brett ziehen.*

Die Powerhalse

Eines der besten Manöver beim Shortboardfahren ist eine komplett im Gleiten durchgefahrene Halse, die Powerhalse (oder Carvinghalse). Dieses Manöver funktioniert so: Man kantet das Brett an, um die Kurve einzuleiten, und fährt dann eine 180-Grad-Kurve komplett auf der Kante, während man das Segel über den Bug shiftet.

Das Manöver gleicht einer Standardhalse, wobei das Brett jedoch viel schneller ist und aufgekantet (carving) wird wie ein Wasserski, um eine Kurve zu fahren. Dieses Manöver erfordert Balance, Timing und saubere Hand- und Fußbewegungen, aber mit der richtigen Anleitung und genügend Training auf dem Wasser wird die Powerhalse zu einem echten Spaßmanöver.

1

Schritt 1 *Zur Einleitung der Powerhalse fällt man mit dem Board stark ab.*

2

Schritt 2 *Mit dem hinteren Fuß drückt man die Innenkante ins Wasser, und das Brett startet in die Kurve.*

3

Schritt 3 *Ohne an Geschwindigkeit zu verlieren legt sich das Board in die Kurve.*

4

Schritt 4 *Während man weiterzirkelt, fiert man das Rigg leicht auf.*

5

Schritt 5 Jetzt muss der Surfer die Fußposition wechseln, bevor er auf dem neuen Kurs ist.

6

Schritt 6 Der Surfer hat das Segel losgelassen, damit es über den Bug rotieren kann.

7

Schritt 7 Hat das Rigg über den Bug gedreht, schnappt man sich den Gabelbaum auf der neuen Seite.

8

Schritt 8 Jetzt das Segel flott wieder dichtholen, damit das Board auch aus der Kurve weitergleitet.

Windsurfen für Profis

Den meisten Windsurfern genügt es, mit Freunden bei gutem Wind zu cruisen, doch für jene, die ohne Wettkampf-Thrill nicht leben können, gibt es nur ein Gegenmittel: professionelles Windsurfen.

Wettbewerbe

Den Amateursport organisiert die Internationale Funboardklassenvereinigung in 43 Ländern, die eine Reihe von Veranstaltungen pro Jahr organisiert. Jeder, der eine nationale Platzierung erreichen möchte, kann daran teilnehmen.

Die Spitze des Wettbewerbssports stellt die PWA (Professional Windsurfing Association) dar, die jedes Jahr durch die ganze Welt reist, um die besten Wettbewerbsbedingungen ausfindig zu machen. Es gibt unterschiedliche Wettbewerbe für Männer und Frauen und verschiedene Disziplinen, hauptsächlich Slalom- und Kursrennen, Wave und Freestyle. In jeder Disziplin kann man Punkte sammeln – und einen Teil des 2 Millionen-US-Dollar-Preisgelds. Normalweise sind es pro Jahr 10 – 15 verschiedene Veranstaltungsorte, je nach ihrer Eignung für eine Disziplin. Dies geht über die ganze Welt, wie Brasilien, Kanarische Inseln und Europa, und der Windsurfing-Kalender endet mit einem großen Wave-Contest am Hookipa Beach Park in Maui.

Windsurfen in der Halle

Windsurfen in der Halle (Indoor) ist eine spezielle PWA-Veranstaltung, an der nur einige der besten und mutigsten Windsurfer teilnehmen. Es findet auf einem großen Becken statt, 90 Meter lang, in dem 16 Windsurfer auf Zeit gegeneinander fahren, um sich für die Vierer-Wettbewerbe zu qualifizieren. Ein Surfer nach dem anderen stürzt sich von der 40-Grad-Rampe bei 30 Knoten starkem künstlichem Wind, der von riesigen Propellern erzeugt wird. Die Fahrer haben nur wenige Sekunden Zeit, sofort ins Gleiten zu kommen und um die erste Boje zu halsen, und dann um die weiteren. Jeder Durchgang dauert nicht einmal eine Minute und erfordert Nerven aus Stahl und eine unglaubliche Fitness von den Surfern. Die Riggs und Bretter (für diesen Wettbewerb angepasst) brechen oft, und auch Verletzungen sind nicht gerade selten, obwohl zahlreiche Matten am Beckenrand die Surfer abfangen, wenn sie unerwartete Stürze produzieren.

Die Fahrer

Nur die besten 250 Windsurfer der Welt können an der PWA-Tour teilnehmen, aber nicht alle nehmen jeden Wettbewerb wahr oder sind an jedem Ort; manche spezialisieren sich entweder auf Kursrennen oder Wave-/Freestyle-Wettbewerbe. Normalerweise bevorzugen die größeren, schweren Windsurfer die Kursrennen, während die leichteren die Wave-Contests bestreiten. Jede Disziplin hat ihren eigenen Meistertitel, aber um World Champion zu werden, muss man in allen vieren gut sein – etwa so, als ob man Formel 1 und die Rallye-Meisterschaft fahren müsste, um Motorsport-Weltmeister zu werden. Dieser World-Champion-Titel ist eine unglaubliche Leistung und wurde bisher nur von drei Surfern erreicht: Robby Naish, der fünf Jahre hintereinander World Champion war, bevor er von Björn Dunkerbeck übertroffen wurde, der sich den Titel in einer Rekordserie von 12 Jahren hintereinander holte. Der letzte World Champion ist Kevin Pritchard aus den USA.

Die eindrucksvollen Manöver der Surfer bei der PWA-World-Tour ziehen zahlreiche begeisterte Zuschauer an (oben). Ein Windsurf-Profi mit einem atemberaubenden Stunt (rechts).

Die Champions

Björn Dunkerbeck

Seine Größe von über 1,90 m und gute 96 Kilogramm Lebendgewicht verschaffen Björn Dunkerbeck kräftemäßig Vorteile gegenüber seinen Konkurrenten beim Kursrennen, vor allem in brutalen Bedingungen. Mit seiner Konstanz und Erfahrung, seiner perfekten Brett- und Riggkontrolle, hat sich Dunkerbeck verdientermaßen den Ruf erworben, nahezu unbesiegbar zu sein.

Robby Naish

Robby Naish gewann seinen ersten World-Champion-Titel mit 13 Jahren und es war damals bereits klar, dass sich hier eine Legende des Surfsports entwickelt. Naish schloss sich den Pionieren an, die das Windsurfen in den Wellen Hawaiis ausprobierten, und als der Sport professionell wurde, kam Naish mit seinem dynamischen Stil und seinen radikalen Manövern groß heraus. Er wurde der erste und große Star des Windsurfens und ist bis heute das Idol vieler Windsurf-Fans. Berühmt für seine Kreativität und Performance in der Welle, stehen Robby Naish und seine Boards und Segel als Synonym für den Windsurfsport.

Robby Naish

Karin Jaggi

Die bergige Schweiz mag nicht gerade als der beste Standort für einen Windsurf-Champion erscheinen, aber 1998 heftete Karin Jaggi die Schweizer Flagge in die Windsurf-Weltkarte, als sie den Frauen-Worldcup-Titel gewann. Ihre Stärke und Entschlossenheit zeichnen Jaggi aus, die eine der bekanntesten Surferinnen der Welt ist und zahlreiche Titel im Speedsurfen, Wavesurfen und in Rennen gesammelt hat. Sie ist als Nummer eins in Kursrennen bekannt, aber auch für ihre wilden Manöver, darunter Push Loops, Volcans, Aerial Jibes und einhändige Table-Top-Jumps. Ihr Hauptziel ist der erste, von einer Frau gesprungene doppelte Vorwärtsloop.

Björn Dunckerbeck

Karin Jaggi

Kursrennen

Es gibt zwei Kurse für das Kursrennen: Dreieckskurse, die normalerweise bei Wind zwischen 8 und 20 Knoten stattfinden, und Slalomrennen, die bei über 20 Knoten Wind ausgesteckt werden.

Dreieckskurs

Bei Dreieckskursen starten 64 Surfer gleichzeitig, die eine mit Bojen festgelegte Strecke absolvieren müssen. Wie bei Segelboot-Regatten kreuzen die Surfer zunächst auf, um dann raumschots zu surfen, oft mit taktischen Schlägen dazwischen. Diese Rennen dauern bis zu einer halben Stunde. Um auch leichte Winde optimal zu nutzen, benutzen die Fahrer oft hochvolumige Shortboards und Riggs mit bis zu 10 Quadratmetern Segelgröße.

Erfolg bei Slalom-Rennen erfordert Nerven aus Stahl. Der kleinste Fehler an der Halsenboje kann zur Katastrophe führen.

Slalomrennen

Slalomrennen sind gleichermaßen spannend und hart. In schnellen kurzen 3 bis 4-Minuten-Heats heizen acht Fahrer raumschots um eine Reihe von Bojen (ähnlich wie ein vergrößerter Wasserski-Kurs). Das sind enge, aufregende Rennen mit hoher Geschwindigkeit bis 50 km/h, mit packenden Halsen-Manövern für die Zuschauer, oft Ellenbogen an Ellenbogen. Dies ist ein Ausscheidungswettkampf, bei dem nur die vier besten Fahrer pro Lauf weiterkommen. Die Veranstalter versuchen, die Slalom-Wettbewerbe bei Starkwind zu organisieren und auch bei Wellengang, so dass die Fahrer gerne kleinere Bretter und Segel wählen, um enge Halsen fahren zu können und mit dem starken Wind zurechtzukommen.

Beim Dreiecks-Rennen fahren alle den gleichen Kurs, so dass es eng wird.

Wave Contests

Beim Surfen in der Welle verbinden sich die Gleiteigenschaften des Bretts mit der Segelpower. Dies ist die radikalste Disziplin beim Windsurfen und findet in einigen der besten Wellenreviere der Welt statt. Die Fahrer haben rund 12 Minuten Zeit, die Kampfrichter (Judges) mit ihren »Rides« und Sprüngen zu beeindrucken, die Punkte für Innovation, Stil und die Beherrschung der Bedingungen vergeben.

Beim Wellenreiten versucht man, so lange wie möglich auf der Welle zu surfen und viele Kurven unten (Bottom Turns) und haarsträubende Manöver auf dem Wellenkamm (Cutback) zu absolvieren. Beim Hinaussurfen springen die Fahrer über die brechenden Wellen, zum Teil bis zu 12 Meter hoch. Als ob das noch nicht genügen würde, bauen die radikalsten Wavesurfer auch noch andere Manöver ein, wie 360-Grad-Spins, Loops und andere verdrehte Moves, die die Schwerkraft vergessen lassen.

Mit Wellen in Haushöhe, Wind über 50 Stundenkilometern und superhohen Sprüngen sind Wave Contests nichts für Warmduscher. Als Krone des Windsurfens bezeichnet, fordert Wavesurfen außergewöhnliches Können vom Windsurfer.

Freestyle

Freestyle wurde 1998 bei der PWA-Tour eingeführt und ermöglicht den Windsurfern, ihre Brett- und Riggbeherrschung auch außerhalb riesiger Wellen zu demonstrieren. Freestyler zeigen schnelle, dynamische Manöver und Tricks auch auf ruhigen Gewässern wie Binnenseen. Es gibt unendliche Kombinationen von Segel- und Brettpirouetten und Manövern ähnlich wie beim Skateboarden, die nach Schwierigkeit, Flüssigkeit und Stil beurteilt werden.

Die Performance von Freestylern braucht keine großen Wellen, Wettbewerbe finden darum auch auf Seen statt (oben).
Monsterwellen und Wind in Sturmstärke ermöglichen in Wave Contests Riesensprünge, die aber Erfahrung erfordern (unten).

Olympische Windsurfer benutzen identische Standard-Ausrüstung, daher zählen Technik und taktisches Geschick mehr als das Material.

Die Rekordjagd

Die Suche nach neuen Herausforderungen und die Sucht, Grenzen zu überschreiten, hat Windsurfer schon über Ozeane geführt und dazu, immer schneller und schneller zu surfen. Bei speziellen Geschwindigkeitswettbewerben, bei denen die Teilnehmer maximale Segelgrößen für die stürmischen Bedingungen aufziehen, wurden bereits Geschwindigkeiten von 45 Knoten (über 80 km/h) erreicht.

Olympisches Windsurfen

Windsurfen ist seit 1984 olympische Sportart, doch im Gegensatz zu PWA-Wettbewerben ist es eine One-Design-Klasse, in der die Teilnehmer identische Bretter und Segel verwenden. (Das Olympische Komitee prüft zurzeit, ob die Spezifikationen der Bretter aufgrund der Entwicklung in den letzten Jahren geändert werden sollen.) Die Auswahl der Nationalfahrer ist stark selektiv, da alle vier Jahre nur ein Windsurfer teilnehmen kann. Da der olympische Wettbewerb ausschließlich in einem Kursrennen besteht, kommt es auf Taktik an, und viele Olympia-Spezialisten trainieren jahrelang, um das optimale Gewicht für das Brett zu erreichen. Um olympisches Gold im Windsurfen zu holen, muss man zunächst superfit sein (beim ersten Wettbewerb war kein Trapez erlaubt) und um die 70 Kilogramm wiegen, ein Grund, weswegen die schweren PWA-Profis nie teilnehmen.

Transatlantik-Rennen

Von der PWA organisiert, ist diese einmalige Veranstaltung der ultimative Test in Ausdauer und Kondition, bei dem Surfer 4000 Kilometer in einem Rennen über den Atlantik segeln. Das erste Rennen, 1999, führte die Surfer von Kanada nach Großbritannien. Das folgende Rennen im Jahr 2000 verlief von Portugal nach Brasilien und musste abgebrochen werden, weil die Rettungsboote nicht mehr mit den Bedingungen zurechtkamen. Die Windsurfer hatten keine Probleme!

Windsurfer haben Rennen über große Wasserflächen absolviert, darunter das wohl härteste Rennen über den Atlantik, das 1999 das erste Mal stattfand.

Mehr Spaß am Surfen

Die Erfahrungen und der Spaß beim Windsurfen hängen von einer Reihe von Faktoren ab – die man alle gut selbst kontrollieren kann. Die Hauptregel lautet: Sicherheit geht über alles, doch man muss die anderen wichtigen Punkte beachten, wie Wetterbedingungen, die eigene Übung und das Können und die Qualität und den Zustand der Ausrüstung.

Es macht mehr Spaß und ist sicherer, gemeinsam zu surfen – allerdings nicht so eng zusammen wie hier. Sicherheit sollte über Risiko gehen (oben).

Allein zu surfen kann großen Spaß machen, aber ein einsamer Surfer sollte sich der möglichen Gefahren bewusst sein (rechts).

Sicherheit zuerst

Die meisten der Selbstrettungs-Punkte, die man kennen muss, stehen auf Seite 27, aber man braucht ein paar Ergänzungen dazu, um eine gute und entspannte Zeit am und auf dem Wasser zu verbringen. Auf dem Wasser wird man mit einigen »Hindernissen« konfrontiert, die Schwierigkeiten verursachen können, eventuell stößt man sogar mit einem anderen Wassersportler zusammen – vor allem als Einsteiger –, so dass man sich mit den Erste-Hilfe-Maßnahmen vertraut machen sollte. Außerdem helfen Tipps zur Ernährung und Fitness, um den Körper und die Kondition fit zu halten, damit man den Sport wirklich genießen kann.

Seefahrtsregeln

Auch wenn man Windsurfen auf großen Wasserflächen ausübt, kann man ganz schön nahe an andere geraten. Obwohl die Regel »Segelgetriebene Fahrzeuge immer vor motorgetriebenen« gilt, sollte man am besten Abstand zu Motorbooten, Freizeitkapitänen und der professionellen Schifffahrt halten. Sie alle sind schwerfälliger als ein Windsurfer und können viel schlechter stoppen. In offizielle Schifffahrtswege zu treiben ist eine ernste Angelegenheit; Sie sollten Bereiche meiden, in denen dies passieren kann.

Sie sollten immer in der Nähe anderer Windsurfer und kleiner Jollen bleiben, aber: Kollisionen bei hoher Geschwindigkeit können sehr gefährlich sein – und sehr teuer werden.

Versicherung

Eine Haftpflichtversicherung ist absolut notwendig für das Windsurfen. Wenn Sie Ausrüstung von einer Windsurfschule mieten, vergewissern Sie sich, dass eine Versicherung beinhaltet ist. Kaufen Sie ein eigenes Brett, sollten Sie sich gegen Unfälle mit anderen Wassersportlern versichern. Ein guter Windsurf-Shop sollte Sie beraten können, wo und wie man entsprechende Versicherungen abschließt.

NORTH SAILS

Dieser Windsurfer segelt auf Steuerbordbug.

Dieser Windsurfer segelt auf Backbordbug.

Steuerbordbug

Surft man auf Steuerbordbug (der Wind kommt über die linke Seite des Bretts und die linke Hand liegt vorne am Gabelbaum), muss man anderen Vorfahrt gewähren. Surfen zwei Bretter auf dem gleichen Bug, muss der Surfer in Luv (näher am Wind) Vorfahrt gewähren beim Überholen.

Beim Surfen in der Welle hat der gegen die Welle hinausfahrende Windsurfer Vorfahrt vor dem Surfer, der die Welle zum Strand hin abreitet.

Backboardbug

Backbordbug hat Vorfahrt. Wenn der Wind über die rechte Seite des Bretts bläst (und die rechte Hand vorne am Gabelbaum liegt), befindet man sich auf Backbordbug und hat Vorfahrt vor anderen Wasserfahrzeugen, die auf einen zukommen. Dabei hält man den eigenen Kurs, die anderen Fahrzeuge müssen ausweichen. Hoffentlich kennen auch die anderen diese einfache Regel. Wenn nicht, rufen Sie laut »backbord« – das klingt zwar sehr offiziell, aber die anderen sollten dies verstehen.

Immer wenn man mit anderen unterwegs ist – egal ob im Wettkampf oder in der Freizeit – muss man unbedingt die Grundregeln der Schifffahrt kennen, die auf dem Wasser gelten.

Das passende Trapez

Eine gute Trapeztechnik spart nicht nur Kraft und bringt Komfort, es ist auch die sicherste Art zu surfen. Sitzt das Trapez gut und eng, weiß man, dass der Abstand zum Gabelbaum immer konstant bleibt. Drückt man sich kräftig ins Trapez, werden die Tampen immer ein wenig nachgeben. Je weniger sich alles bewegt, desto besser eingestellt ist das Trapez.

■ Ziehen Sie Ihr Trapez zunächst locker an, mit Hilfe des Hüftgurtes. Die Form des Trapez' bestimmt die Hakenhöhe, der Trapezbügel (siehe Seite 95) liegt in etwa auf Höhe des Bauchnabels.

■ Die Beingurte anziehen, ohne die Blutzufuhr der Beine einzuschränken. Dies fixiert die Trapezposition und zieht es nicht nach oben, wenn man den Bügel festschnallt.

■ Der letzte – und entscheidende – Schritt: Den Trapezbügel so fest wie möglich anziehen. Spannen Sie ein Quick-Release-System nochmals nach, wenn Sie es eingehängt haben.

■ Falls der Trapezbügel beide Schnallen außen berührt und sich nicht mehr festerziehen lässt, müssen Sie einen schmaleren Bügel kaufen.

■ Alle Gurte dehnen sich, wenn sie nass werden, deshalb muss man das Trapez jedes Mal nachjustieren.

Ein Brusttrapez stützt die Schultern und den unteren Rückenbereich.

Zunächst erscheint die Einstellung der Trapeztampen kompliziert, doch mit der Zeit wird es einfacher. Man wird schnell nur mit einer Hand am Gabelbaum surfen können und sich im Trapez entspannen.

Sunblocker-Creme oder eine Kappe bewahren einen Windsurfer vor der starken Sonneneinstrahlung auf dem Wasser.

Erste Hilfe

Die Verletzungsgefahr beim entspannten Windsurfen ist nicht sehr groß. Falls man in seinen Grenzen bleibt, riskiert man ein paar Stöße und blaue Flecken bei Stürzen. Profis, die abheben, gehen ein höheres Risiko ein und holen sich leicht Bänderdehnungen am Knöchel bei Stürzen oder in Brechern.

Notfälle

Immer wenn Sie auf dem Wasser jemanden entdecken, der in einer Notlage sein könnte, fragen Sie ihn, ob er Hilfe braucht und alarmieren Sie Notrettungsdienste so schnell wie möglich. Machen Sie sich deshalb mit dem Internationalen Notsignal vertraut (siehe Seite 28).

Sonnenbrand

Eines der häufigsten Leiden von Windsurfern ist Sonnenbrand. Die Überreizung der Haut durch die Sonne ist bei frischem Wasser und kühlendem Wind kaum zu bemerken, benützen Sie also immer einen Sunblocker. Es gibt jede Menge wasserfester Cremes und Lotions, die entsprechenden Sonnenschutz bieten. Eine Kappe zu tragen ist auch nicht schlecht, nur muss sie angebunden werden!

Unterkühlung

Unterkühlung ist gefährlicher als ein einfacher Sonnenbrand. Anfälliger sind Windsurfer in kälteren Revieren, aber das Risiko einer Unterkühlung besteht grundsätzlich, wenn man sich länger im Wasser aufhält, und kommt häufig vor, wie man bei Windsurfern feststellt, die aus Notsituationen gerettet werden. Es ist ein Irrtum anzunehmen, man benötige keinen Neoprenanzug, weil die Sonne scheint. In kühleren Breitengraden kann ein Neoprenanzug Ihr Leben retten.

Essen und Trinken

Windsurfen ist eine sehr bewegungsintensive Sportart, die erheblich Energie verbraucht, also beeinflusst die Ernährung auch das Surfen. Wenn man plant, längere Zeit auf dem Wasser zu verbringen, sollte man am Tag zuvor genügend energiespendende Kohlenhydrate (wie Pasta und Reis) zu sich nehmen. Noch wichtiger ist es, während der Pausen genügend zu trinken. Eine gute Flüssigkeitsversorgung erlaubt es, länger zu surfen. Beim Windsurfen in großer Hitze sollte man nicht weniger als 2 – 3 Liter am Tag trinken. Und auch während der Pausen essen!

Training fürs Windsurfen

Selbst wenn man nur an den Wochenenden oder Ferien Zeit hat, Sport zu treiben, hilft ein Fitnesszustand auf jedem Fall Ihrem Lernfort und dem Spaß am Windsurfen. Wenn Sie die h zeigten Übungen mit regelmäßigem Ausdauer-T kombinieren, wie Radfahren, Wandern, Schw oder Laufen, werden Sie besser aufs Windsurf bereitet sein.

Es ist jedoch nötig – wie bei allen neuen Spor die man beginnt – sich mit einem Arzt abzusp und nur Bewegungen auszuüben, die auch vo oder vom Krankengymnasten empfohlen sind.

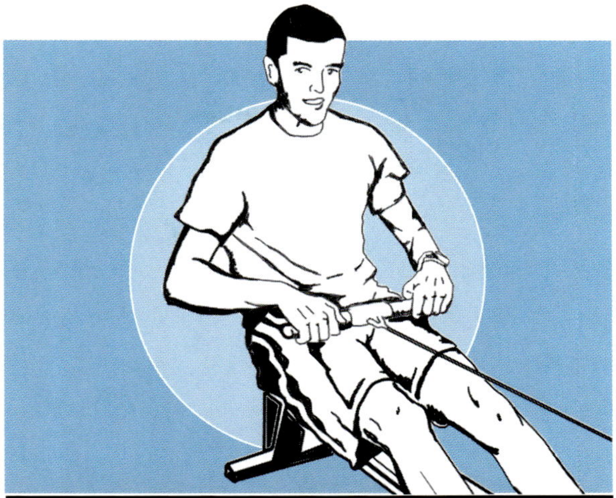

Viele Windsurf-Profis benutzen ein Rudergerät, um Ausdauer und die Oberkörpermuskulatur zu trainieren.

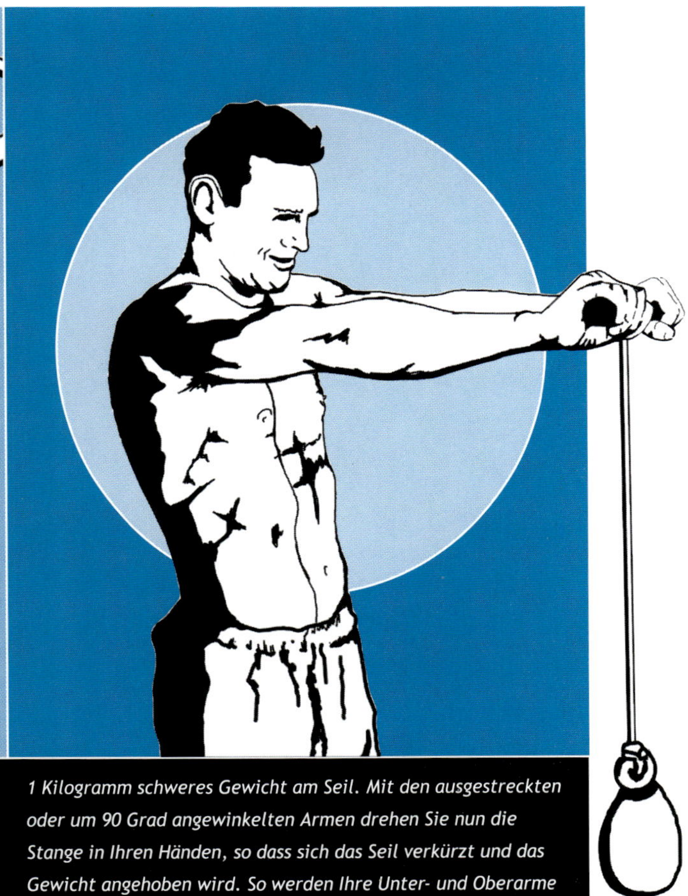

An einer Stange zu hängen und Serien von Klimmzügen sind ein hervorragendes Training, um die Ausdauer auf dem Wasser zu stärken. Falls Sie Ihr Körpergewicht kaum hochziehen können, stellen Sie Ihre Füße auf einen Stuhl vor sich, um die Belastung zu reduzieren (oben).
Eine wickelnde Bewegung stärkt Unter- und Oberarme, Hände und Handgelenke. Binden Sie ein 1,5 Meter langes Seil an einen alten Gabelbaum oder Besenstiel. Befestigen Sie ein 0,5 bis 1 Kilogramm schweres Gewicht am Seil. Mit den ausgestreckten oder um 90 Grad angewinkelten Armen drehen Sie nun die Stange in Ihren Händen, so dass sich das Seil verkürzt und das Gewicht angehoben wird. So werden Ihre Unter- und Oberarme und Handgelenke kräftiger, und Ihre Handflächen werden ebenfalls bei dieser Übung trainiert (rechts).

Wind und Wetter

Der Wind wird durch die Wetterlage beeinflusst. Wenn man die Gesetzmäßigkeiten des Wetters nachvollziehen kann und versteht, wird man die richtige Zeit und den richtigen Ort zum Windsurfen finden – und kann Probleme vermeiden.

Wind verstehen

Wind entsteht durch die Druckunterschiede der Atmosphäre, die zwischen den Bereichen von Hochs und Tiefs auftreten. Wetterkarten zeigen dies in Form der Isobaren an. In Zonen mit Hochdruck liegen die Isobaren weit auseinander. Isobaren, die eng zusammen liegen, zeigen ein Tiefdruckgebiet an. Hochdrucksysteme bewegen sich relativ langsam und bedeuten normalerweise ein beständiges Wetter, ruhig und mit leichten Winden. Tiefdruckgebiete bewegen sich sehr viel schneller und absorbieren warme Luft aus tropischen Regionen oder kalte Luft aus dem Polargebiet. Dies wird dann zu den so genannten »Fronten«, weil die Isobaren eng gepackt sind. Wenn die Wetterkarte aussieht wie eine Dart-Zielscheibe, weiß man, dass man sich in windigem Wetter befindet.

Der Wind wandert normalerweise in der gleichen Richtung wie die Isobaren. In der nördlichen Hemisphäre bläst der Wind gegen den Uhrzeigersinn um ein Tiefdruckgebiet, in der südlichen Hemisphäre in umgekehrter Richtung.

Bei hohen Windstärken zu surfen ist sehr gefährlich und sollte nur erfahrenen Windsurfern überlassen werden.

In Revieren, in denen der Wind durch schlecht vorhersagbare Fronten und Tiefdruckgebiete entsteht, muss man lange Wartezeiten einkalkulieren und nach Wind suchen. Telefonansagen und Webcams, die mit populären Websites verbunden sind, ermöglichen auch über weite Entfernungen einen Check der Windsituation vor Ort, bevor man losfährt.

Thermische und Passatwinde

Die zuverlässigsten Winde sind die Passatwinde (siehe Seite 86), die Reviere wie die Karibik und Hawaii bei Windsurfern so beliebt machen. Die andere Art sind thermische Winde oder Seewind. Diese entstehen durch die Temperaturunterschiede zwischen Wasser und der Landfläche. Das Land heizt sich auf, die warme Luft steigt nach oben und bewirkt einen thermischen Wind, da die kühlere Luft vom Meer die hochgestiegene Luft an Land ersetzt. Dies funktioniert vor allem in sehr heißen Gegenden, wie im Hochsommer im Mittelmeer, wo der Wind am Morgen schwach bläst und dann im Tagesverlauf zunimmt, während sich die Landmasse aufheizt. Dieser Effekt funktioniert auch in Gegenden mit kaltem Wasser, wie beispielsweise an Seen und Flüssen, vorausgesetzt es bestehen Temperaturunterschiede zwischen Wasser und Land.

Gezeiten, Strömungen und lokale Bedingungen

Die Gezeiten variieren rund um den Globus. In Nordeuropa kann der Tidenhub mehrere Meter betragen, während es in der Karibik nur ein paar Zentimeter sein können. Das Meer hebt und senkt sich durch die Anziehungskraft des Mondes. Dadurch wechseln sich Ebbe und Flut rund alle zwölf Stunden ab. Gezeitenströmungen können unglaublich kräftig ausfallen, und wenn kräftiger Wind dazukommt, können stehende Wellen und sehr anspruchsvolle Bedingungen entstehen.

Es kann auch vorkommen, dass die Gezeiten ein Surfrevier komplett verändern. Der Wasserstand kann so variieren, dass bei Ebbe der Grund, Felsen und Riffe freiliegen. Lokale Gezeitentafeln verraten die täglichen Zeiten und Daten.

Achten Sie auf jeden Fall auf abnehmende Gezeiten und Strömungen, die hinaus aufs Meer fließen, verursacht von Landzungen, Flussmündungen, Felsen oder unter Wasser verborgenen Objekten – noch ein Grund, nur zu surfen, wenn andere auf dem Wasser sind.

BEAUFORT-SKALA

Windstärke	Geschwindigkeit (Knoten)	Beschreibung	Wellenhöhe	Auf See	An Land
0	0–1	Ruhig	0	Flache, spiegelglatte See	Rauch steigt senkrecht auf
1	1–3	Leichte Luftbewegung	0,1 m	Kräuselwellen, aber kein Schaum	Windrichtung wird durch Rauch angezeigt, Windfahnen unbewegt
2	4–6	Leichte Brise	0,5 m	Wellen noch klein, mit glasigen Kämmen, die nicht brechen	Wetterfahnen bewegen sich, Blätter rascheln
3	7–10	Schwache Brise	1 m	Wellen werden größer, länger, glasiger Schaum und vereinzelt weiße Schaumkronen	Blätter und Zweige bewegen sich
4	11–16	Mäßige Brise	2 m	Kleine Wellen mit regelmäßigen Schaumkronen	Zweige und Abfälle bewegen sich, Staubfahnen
5	17–21	Frische Brise	3 m	Mäßige Wellen mit ausgeprägterer langer Form und mit Schaumkronen, etwas Gischt	Kleinere Bäume schwanken, Binnenwasser mit Wellen und Schaumkronen
6	22–27	Starker Wind	4 m	Große Wellen mit großen Schaumkronen, etwas Gischt	Große Äste bewegen sich, spürbare Böen
7	28–33	Steifer Wind	5 m	See türmt sich auf, weißer Schaum legt sich in Windrichtung	Bäume schwanken, gegen den Wind Gehen schwierig
8	34–40	Stürmischer Wind	6 m	Mäßig hohe Wellenberge, lange Kämme, dichte Schaumstreifen in Windrichtung	Äste brechen, gegen den Wind Gehen sehr schwierig
9	41–47	Sturm	7 m	Hohe Wellenberge mit kräftiger Gischt, Wellenkämme brechen und stürzen zusammen, Sicht durch fliegende Gischt beeinträchtigt	Schäden an Dächern und Schornsteinen von Gebäuden
10	48–55	Schwerer Sturm	9 m	Sehr hohe Wellenberge mit langen gebogenen Kämmen, die in großen Schaumflächen brechen, schweres Rollen, Sicht stark beeinträchtigt	Ganze Bäume entwurzelt, beträchtliche Gebäudeschäden

Mit dem Wind um die Welt

Windsurfen kann man überall, in den geschützten Buchten der Jungferninseln, an den furchteinflößenden Riffs vor Fidji oder auf den malerischen Seen Europas. Eigentlich kann man überall, wo sich eine nicht zu kleine Wasserfläche, Licht und Wind befinden, Windsurfer antreffen, die Spaß an ihrem Sport haben.

Hotspots für Windsurfer

Einige Locations sind bekannt für ihre außergewöhnlichen Bedingungen und Anlagen und ziehen Tausende von Windsurfern an auf der Suche nach zuverlässigem Wind. Einige der Spots sind berühmt für ihre schnell brechenden Wellen und Starkwind, der auch Experten an ihre Grenzen bringt, viele Orte weisen eine größere Bandbreite an Bedingungen auf. Dort trifft man erfahrene Windsurfer in meterhohen Wellen, während nicht weit entfernt davon Anfänger und Fortgeschrittene zufrieden ihre Grundkenntnisse üben und verbessern!

Es gibt Hunderte von sehr gut eingerichteten Windsurf-Zentren, die ein großes Angebot an Unterricht und Leihmaterial vorweisen können. Spezielle Windsurf-Veranstalter beraten einen gerne zum richtigen Ort für die eigene Könnensstufe.

Immer dem Wind nach

Einige Orte haben das ganze Jahr starken gleichmäßigen Wind, während andere von saisonalen Bedingungen abhängig sind.

- Die Passatwinde wehen sehr zuverlässig und versorgen viele Windsurf-Locations in der Karibik und Hawaii. Hier ist der Wind nahezu das ganze Jahr konstant.
- Thermische Winde entstehen im Tagesverlauf. Das Land heizt sich auf, die warme Luft steigt auf. Kältere Luft kommt vom Wasser und ersetzt die abgeflossene. Dieser Thermikwind kann den vorhandenen Wind noch verstärken. Der Gardasee in Italien, der amerikanische Columbia-Fluss, die »Gorge« und die Bucht von San Francisco werden von regelmäßigen Thermikwinden versorgt.
- Ein katabatischer Wind (Fallwind) namens »Eric« versorgt die von Bergen umgebene Bucht von Vassiliki in Griechenland. »Eric« strömt an den Bergflanken hinab nach unten und bläst am Nachmittag über die Bucht, bevor er sich abends wieder zurückzieht. Die Grenze des Windes ist so sauber, dass auf einer Seite der Bucht Anfänger in leichtem Wind gemütlich üben, während ein paar hundert Meter weiter erfahrene Surfer hin und her heizen.

Gut eingerichtete Windsurf-Center auf der ganzen Welt bieten Unterricht, Lehrmaterial und guten Rat – für Einsteiger oder in unbekannten Revieren sehr hilfreich.

Einige Windsurf-Stationen sind mit Segelschulen kombiniert. Viele davon liegen am Mittelmeer, wo gerade für Einsteiger gute Bedingungen herrschen.

Selbst auf kalten windigen Stränden kann Windsurfen Spaß machen. Hier beobachten Zuschauer einen Worldcup in Nordeuropa – Boardshorts sucht man vergeblich!

Nordeuropa

Nahezu jedes nordeuropäische Land weist eine Reihe von geeigneten Windsurf-Spots auf. Meistens resultiert starker Wind nur aus Schlechtwetterbedingungen, was tiefere Temperaturen und einen guten Neoprenanzug bedeutet, um in kaltem Wind und Wasser zurechtzukommen.

Mittelmeer

Die Strände des Mittelmeers bieten große Auswahl für einen Windsurf-Urlaub. Es gibt Hunderte von Windsurfschulen und Mietstationen entlang der Küste und auf den Inseln. Die bekannteren sind Vassili in Griechenland (siehe Seite 86), perfekt für Anfänger; Tarifa, ein Worldcup-Ort mit Starkwind und einer Speedstrecke, und die griechische Insel Karpathos, so ziemlich einer der windigsten Orte der Welt, also nicht gerade sehr anfängerfreundlich. Andere beliebte Inseln sind Rhodos, Kos, Paros und Kreta in Griechenland und Nordsardinien.

Jeder Windsurfer träumt von warmen Winden, Sonne und blauem Wasser. Kein Wunder, dass Locations wie das Mittelmeer und die Karibik so beliebte Surf-Ziele sind.

Ägypten

Seit 1990 hat sich Ägypten zu einer beliebten Windsurf-Destination für viele Europäer entwickelt. Durch die Wüstenhitze ist der Wind von April bis Oktober ziemlich konstant, und es bleibt auch windig und relativ warm von November bis März (im Gegensatz zum Mittelmeer). Die besten Orte in Ägypten sind Dahab und Moon Beach auf der Sinai-Halbinsel, sowie Hurghada und Safaga am Roten Meer.

Kanaren

Die Kanaren, bestehend aus sieben Inseln vor der Küste Nordafrikas, sind eine wahre Windsurf-Spielwiese, vor allem die Inseln Gran Canaria, Fuerteventura, Lanzarote und Teneriffa. Alle diese Orte haben bereits Worldcups ausgerichtet, und sie bieten eine große Auswahl unterschiedlicher Bedingungen.

Gran Canaria, Geburtsort von World-Champion Björn Dunkerbeck, ist bekannt für einen unwirtlichen Starkwindspot namens Pozo, mit riesigen Felsen und von Wind mit bis zu 50 Knoten im Sommer verblasen. Macht die PWA-Tour dort Station, riskieren die besten Surfer alles mit ihren 9–12-Meter-Sprüngen und Doppel-Loops nur wenige Meter vom Strand entfernt.

Fuerteventura weist exzellente Wellen im Norden auf, bei Sotavento wurden viele Speedrekorde gebrochen. Die benachbarten Inseln Teneriffa (El Medano) und Lanzarote (Las Cucharas) bieten ebenfalls unterschiedliche Bedingungen.

Viele Stationen lagern ihr Material direkt am Strand in kurzer Entfernung zum Wasser. Und man spart sich das Aufriggen.

Südafrika

Südafrika mit seinen kilometerlangen unberührten Stränden entwickelt sich zu einer immer beliebteren Windsurf-Destination zwischen November und März. Die besten Spots sind Blouberg für das Waveriding und Langebaan an der Westküste für flacheres Wasser und moderate Bedingungen.

Beliebte Windsurf-Strände können ganz schön voll werden – vor allem während eines Wettbewerbs –, und alles ist bevölkert von Boards, Riggs und zahllosen Zuschauern.

Karibik

Warmes Wasser, beständige Passatwinde und angenehme Bedingungen machen die Karibischen Inseln zu den besten Surfrevieren, von den windigen Inseln an der Nordküste Venezuelas bis zu den etwas ruhigeren Jungferninseln.

Auf Margarita, Aruba, Bonaire, Barbados, Antigua, Tobago, Dominikanische Republik, den Jungferninseln und Puerto Rico gibt es überall Windsurf-Stationen und Ausrüstung für alle Könnensstufen. Der nördliche Teil der Karibik weist von April bis September zuverlässigeres Wetter und Wind auf, danach wandern die Passatwinde nach Süden und bestreichen die unteren Inselketten.

Vereinigte Staaten von Amerika

In einem so großen und ausgedehnten Land wie Amerika finden Windsurfer-Spots für jedes erdenkliche Level. Die beliebtesten und anerkannten Orte in den USA sind Cape Hatteras an der Ostküste, mit Wellen und Flachwasser, und San Francisco an der Westküste mit seiner beeindruckenden Kulisse der Golden-Gate-Brücke und Alcatraz. Das berühmteste und beeindruckendste Revier aber ist »The Gorge«. Der breite Columbia-Fluss ist ein einmaliges Windsurf-Phänomen. Die Strömung verläuft entgegengesetzt zum Wind, der zuverlässig bläst (von April bis September), so dass man den ganzen Tag surfen kann, ohne Höhe laufen zu müssen.

Viele karibische Inseln stellen ideale Windsurf-Locations dar. Auf einigen davon wurden schon zahlreiche Profi- und Amateurwettbewerbe ausgerichtet.

Jedes Jahr treffen sich Hunderte von Zuschauern, um die besten Wellenspezialisten beim Wettkampf im Surf-Mekka Hookipa auf Hawaii zu beobachten.

Das Paradies Hawaii

Wenn es ein Mekka des Windsurfens gibt, dann ist es Maui, eine der Inseln der hawaiianischen Gruppe im Pazifik. Die Passatwinde sind so zuverlässig und die Bedingungen so abwechslungsreich, dass die meisten der weltbesten Windsurfer hier leben und trainieren. Gute Einsteigerbedingungen findet man am Kanaha-Beach-Park an der Nordküste und Kehei an der Südseite, vor allem im Sommer von April bis September. Maui ist jedoch bekannt für seine großen Wellen. Wenn der Winterswell auf die Insel trifft, sorgen die flachen Riffs für die anspruchsvollsten Bedingungen. Weltberühmt ist Hookipa, aber nur 8 Kilometer entfernt liegt »Jaws«. Dort entstehen Wellen in drei- bis vierfacher Masthöhe, nur die besten und furchtlosesten Surfer wagen sich hinein und riskieren ihr Leben und das Material, um diese Monsterwellen abzureiten.

Australien hat zwar auch gute Flachwasser-Reviere, doch bekannt ist Westaustralien für exzellente Wellenreviere, die den Profis noch dazu wundervolle Blicke auf dramatische Küstenformationen bieten.

Die besten Profi-Windsurfer Neuseelands vertraten ihr Land bei den Olympischen Spielen 2000 im australischen Sydney.

Australien

Australien hat vermutlich so viele Windsurf-Spots wie die ganze restliche Welt, aber die Größe und dünne Besiedlung des Landes führen dazu, dass nur wenige Spots bekannt sind.

Westaustralien bietet vor allem einige Orte mit abwechslungsreichen Bedingungen, die mit berühmten Spots auf der Welt konkurrieren können, wie Geraldton, Lancelin und Margaret River. Stabile Winde sollen von November bis April vorherrschen, und dann bietet Westaustralien abenteuerlustigen Surfern perfekte, menschenleere Locations mit warmem Wind und klarem Wasser.

Neuseeland

Neuseeland ist eine der unberührtesten Windsurf-Destinationen, Wellington ist ein beliebter Spot mit Flachwasser, gut für Einsteiger und Fortgeschrittene. Profis fahren nach Taranaki, ein guter Platz im Südwesten der Nordinsel, wo es beständig weht.

Info-Adressen

Professionelle und nationale Windsurf-Organisationen sind normalerweise mit erfahrenen Windsurfern besetzt, die erhebliches Wissen und Informationen über die Bedingungen und Einrichtungen in ihrer Region besitzen. Sie können Rat und Auskunft erteilen und Kontaktadressen vermitteln, damit man seine Reise planen kann.

Profi-Windsurf-Verbände

AUSTRALIEN

- **AUSTRALISCHE WINDSURF-VEREINIGUNG**
- Website: www.windsurfing.org
- E-mail: phil.jones@bigpond.com

GROSSBRITANNIEN

- **SSM FREESPORTS**
- The Green Room, 1 Buston Road, London SW15 6AR, England
- E-mail: info@ssm-freesports.com

USA

- **WINDSURFING USA**
- Website: www.windsurfingmag.com
- E-mail: windsurf@worldzine.com

Nationale Windsurf-Verbände

AUSTRALIEN

- **AUSTRALIAN YACHTING FEDERATION**
- Locked Bag 806, Milsons Point, NSW 2061, Australia
- E-mail: ausyacht@ausport.gov.au
- Website: www.ausailing.org

ÄGYPTEN

- **GYBEMASTERS**
- Moon Beach, Sinai

CHINA

- **CHINESE YACHTING ASSOCIATION**
- 9 Tiyuguan Road, Beijing 100763
- E-mail: lquanhai@public-3bta.net.cn

DÄNEMARK

- **DÄNISCHER SEGELVERBAND**
- Idrattens Hus/House of Sports, DK-2605 Brondby, Dänemark
- E-mail: mia@sejlsport.dk

Von den von Wellen umwogten Stränden Arubas bis zum exotischen Sansibar folgen Surfer dem Wind und den Wellen rund um die Welt.

DEUTSCHLAND
- **VERBAND DEUTSCHER WINDSURFSCHULEN**
- VDWS-Geschäftsstelle, Dr.-Karl-Slevogt-Str. 5, D-82362 Weilheim i.OB,
- E-mail: info@vdws.de
- Website: www.vdws.de

FRANKREICH
- **FRANZÖSISCHER SEGELVERBAND**
- 55 Avenue Kleber, 75784 Paris, Cedex 16, France
- E-mail: barbierm@compuserve.com
- Website: www.f

GROSSBRITANNIEN
- **ROYAL YACHTING VERBAND**
- RYA House, Romsey Road, Eastleigh, Hants SO50 9YA, England
- Website: www.rya.org.ukfv.fr

IRLAND
- **IRISCHER SEGELVERBAND**
- 3 Park Road, Dun Laughaire, County Dublin, Ireland
- E-mail: Isa@iol.ie
- Website: www.sailing.org/isa

ITALIEN
- **ITALIENISCHER SEGELVERBAND**
- Corte Lambruschini, Piazza Borgo Pila 40, Torre A - 16 Piano, 16129 Genova, Italy
- E-mail: federvela@federvela.it
- Website: www.federvela.it

KANADA
- **WINDSURF CANADA**
- Canadian Yachting Association, Portsmouth Olympic Harbour, 53 Yonge Street, Kingston, Ontario K7M 6G4, Canada
- Website: www.sailing.ca

KANAREN
- **SPANISCHER SEGELVERBAND**
- Luis de Salazar 12, 28002 Madrid, Spain
- E-mail: info@rfev.es
- Website: www.rfev.es

KARIBIK
- **KARIBISCHER SEGEL-VERBAND**
- PO Box 155, Jolly Harbour, Antigua, Karibik

MEXIKO
- **MEXIKANISCHER WINDSURF VERBAND**
- E-mail: pedros@sureste.com

NEUSEELAND
- **YACHTVERBAND NEUSEELAND**
- PO Box 90 900, Auckland Mail Centre, Auckland
- E-mail: mail@yachting.org.nz

NIEDERLANDE
- **NIEDERLÄNDISCHER WINDSURF VERBAND**
- KNWU, PO Box 87, 3980 CB Bunnik, Netherlands

SINGAPUR
- **SINGAPUR BOARDSAILING VERBAND**
- PA East Coast Sea Sports Club, 1390 East Coast Parkway, Singapore
- E-mail: bsasing@mbox2.singnet.com.sg
- Website: www.singnet.com.sg/~bsasing

SPANIEN
- **SPANISCHER SEGELVERBAND**
- Luis de Salazar 12, 28002 Madrid, Spanien
- E-mail: info@rfev.es
- Website: www.rfev.es

SÜDAFRIKA
- **WINDSURF AFRICA**
- Private Bag X16 Auckland Park, 2006 Johannesburg

USA
- **US WINDSURFING**
- PO Box 978, Hood River, OR 97031
- E-mail: info@uswindsurfing.org
- Website: www.uswindsurfing.org

ZYPERN
- **ZYPRISCHER YACHTVERBAND**
- PO Box 51813, Limmasol, Cyprus
- E-mail: cya@dial.cylink.com.cy

Fachausdrücke

Abfallen Das Brett vom Wind weg steuern.
Achterliek Die hintere Kante des Segels.
Achterlieksstrecker Der Tampen, mit dem das Schothorn am Gabelbaumende befestigt wird. Mit diesem zieht man das Segel flach, wenn dies nötig ist.
Allround Brett oder Segel, das einen großen Einsatzbereich fürs Hobbysurfen abdeckt.
Anluven Auch genannt Höhe laufen; hierbei wird das Brett stärker in den Wind gesteuert.
Aufholleine Auch genannt Startschot, mit der man das Rigg vor dem Anfahren aus dem Wasser zieht.
Aufriggen Das Segel aufbauen und trimmen, entweder bauchig oder flach.
Ausfahrt Der letzte Teil einer 180-Grad-Drehung, wie eine Halse oder Wende. Schaut man aus dieser Kurve heraus, kann man besser den neuen angepeilten Kurs steuern.
Bauch Tiefe oder »Profil« des Segels.
Beachstart Eine grundlegende Art des Starts, ohne das Segel aufholen zu müssen.
Dichtholen Wenn man den Gabelbaum enger an das Board zieht, holt man dicht. So wächst die Kraft im Segel und damit der Vortrieb.
Flach Ausdruck für den Segeltrimm. Wenn das Segel flach getrimmt ist, entwickelt es weniger Vortrieb.
Freestyle Tricks beim Windsurfen, eine eigene Disziplin.
Fuß Der untere Bereich des Segels mit dem Vorliek.
Fußsteuerung Wenn das Brett durch Fußdruck auf die Kante in die Kurve gesteuert wird.
Gleitbedingungen Genügend Wind im Segel, um Trapez fahren zu können. Je nach Segel- und Brettgröße ab 3 Beaufort.
Gleiten Wenn der Brettkörper sich weit aus dem Wasser hebt und schnell über die Oberfläche »rutscht«, nennt man das Gleiten.
Halsen Das Brett drehen, indem das Heck durch den Wind geht.
Hart am Wind surfen In kleinem Winkel zum Wind fahren. Dabei ist normalerweise das Schwert ausgeklappt und der Surfer versucht Höhe zu laufen, um nach dem Abtreiben wieder zum Ausgangspunkt zurück zu kommen.
Heizen Auf einem Kurs vom Wind weg fahren, mit eingeklapptem Schwert. Der schnellste Kurs.
Kreuzen Im 90-Grad-Winkel zum Wind surfen. Die meisten Windsurfer kreuzen hin und her.
Latte Fiberglas- oder Carbonlatte oder -stab, der in der Lattentasche steckt. Die Latte oder der Stab führen zum Mast und verleihen dem Segel seine Form und Stabilität.
Lee Die Seite des Bretts, die dem Wind abgewandt ist.
Luv Die Seite des Bretts, die dem Wind zugewandt ist.
Mastneigung Beschreibt normalerweise das nach hinten geneigte Rigg. Damit luvt das Brett an.
Mastschiene Befestigung des Mastfußes am Brett.
Öse Eingefasste Öffnung im Segel.
Powerhalse Eine Halse mit hoher Geschwindigkeit und Kantensteuerung auf einem Shortboard.
Raumschots Kurs zwischen Halbwind- (90 Grad zum Wind) und Vorwindkurs. Normalerweise der Kurs mit der höchsten Geschwindigkeit.
Reißverschluss Auf dem gleichen Kurs flott hin- und hersurfen, wobei man wieder zum Ausgangspunkt zurückkehrt.
Rigg Alle Teile oberhalb des Brettes wie Mast, Mastfuß, Segel und Gabelbaum.
Rumpf Das Brett ohne Rigg
Schlagen Wenn sich Bug und Heck schnell heben und senken, »schlägt« das Brett.
Schleudersturz Wenn ein Surfer durch eine Böe vom Rigg nach vorne übers Brett katapultiert wird.

Schothorn Teil des Segels, der am Gabelbaumende fixiert wird.

Schwert Mit einem Schwert können Anfänger besser hart am Wind surfen, weil es das Abdriften und Abtreiben vom Ausgangspunkt verhindert.

Schwimmhilfe Schwimmwesten oder ähnliche Auftriebshilfen, die einen Surfer an der Wasseroberfläche halten.

Segeldruckpunkt Der Punkt, in dem die Kraft des Segels vereint wird (Balancepunkt).

Sideshore Wind, der parallel zum Strand weht, egal ob von links nach rechts oder umgekehrt.

Slalom Schnelle Rennen auf Shortboards.

Slamhalse Sehr eng gedrehte Halse, bei der man extrem das Heck des Bretts belastet.

Top Oberer Bereich des Segels.

Trapez Sitz-, Hüft- oder Brusttrapeze besitzen Haken, mit denen sich der Surfer in die Trapeztampen am Gabelbaum einhängen kann. Mit dem Körpergewicht, nicht mit den Armen wird das Segel ausbalanciert.

Trapezbügel Der Metall- oder Aluminiumbügel, am Trapez befestigt, der den Zug des Segels über die Trapeztampen zum Körper des Surfers überträgt.

Trimm Anpassung der Segelstellung an die Windrichtung.

Trimmhilfe Alles was beim Trimmen (Durchsetzen) der Tampen hilft. Es gibt eigene Trimmgriffe (wie Easi-Rigg), der Trapezbügel oder andere Gegenstände tun es aber auch.

Vorlieksstrecker Der Tampen, der das Vorliek (unten an der Masttasche) mit dem Mastfuß verbindet. An modernen Ausstattungen läuft er über mehrere Rollen, um das Trimmen zu erleichtern.

Vorliekstrimm Den Vorlieksstrecker durchsetzen (spannen), damit das Segel seine stabile Form erhält.

Vorwindkurs Der Wind kommt von hinten über das Brett; man surft mit dem Segel im 90-Grad-Winkel zum Brett vor sich.

Wasserstart Manöver, bei dem der Surfer durch die Windkraft im Segel aus dem Wasser auf das Brett gezogen wird.

Wende Eine Drehung um 180 Grad, bei der der Bug durch den Wind geht.

Windzentrum Die exakte Richtung aus der der Wind kommt.

Nur wenige Wassersportarten bieten Sportlern soviel Herausforderung und Action wie das Windsurfen.

Stichwortverzeichnis

Fotonachweis

E. Aeder: S. 40, 73; **Allsport/Touchline (Graham Chadwick):** S. 77 (unten); **Peter Bentley:** S. 77 (oben), 91 (unten); **Bic Sport/Jono Knight:** S. 11, 35; **David Eberlin:** S. 26 (oben); **Rob Jewell:** S. 2 (Titel); **Simon Miles/SBW:** S. 8 (oben), 10 (unten links), 12, 20, 21, 22, 34 (unten), 65, 67, 69, 70, 71, 76 (oben rechts), 82; **Mistral/Ulli Seer:** S. 18 (oben), 26 (unten), 54 (oben), 86 (unten links); **Mistral/Darrell Wong** S. 78 (unten); **Presse Sports/Jutta Mueller:** S. 92; **SSM/John Carter:** S. 10 (oben), 17 (unten rechts), 23 (Mitte rechts und unten rechts), 33, 66 (oben), 72 (unten), 74, 75, 80 (unten), 85, 86 (oben), 88 (unten), 89 (unten), 90 (rechts), 91 (oben); **SSM/ Williams:** S. 4/5, 6/7, 72 (oben), 76 (oben), 88 (oben), 90 (links); **Alex Williams:** S. 16, 27 (rechts). **Fotos die von den Herstellern zur Verfügung gestellt wurden:** S. 13, 15 (Mitte links), 17 (unten links, Mitte und oben rechts), 27 (links), 34 (oben), 76 (unten links und rechts), 79, 87.